チェンマイ市内にて
伝統的な北タイの民族衣装である巻きスカートを身につける機会がありました。◎中央の男性以外、タイ長期FS13期目の学生全員。

女子大生たちが学んだタイ Map

チェンライ県
チェンマイ県
メーホンソン県
スコータイ県
カンチャナブリ県

女子大生たちが学んだタイ

女子大生たちが学んだ
チェンライ県

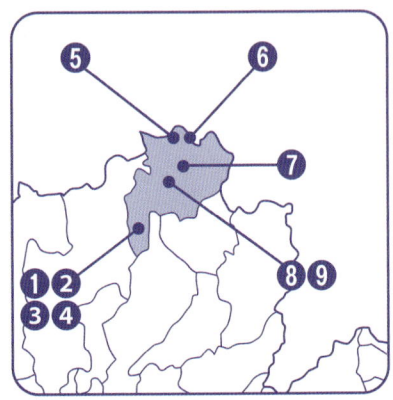

❶ ヒンラートナイ村

日本では想像できないほど背の高いお茶の樹から、茶葉の収穫を手伝いました。◎右から浦田沙恵さん、木村遥さん（ともに2015年度卒業）。

❷ ファイグー村

自生している薬草（ハーブや木の実など）を活かした伝統的な暮らしについて調査しました。◎真ん中が2015年度卒業の西本早希さん。

❸ ヒンラートノク村

村人に方法を教わりながら、脱穀をしました。後ろでは稲刈りの最中です。
◎中央左側が2014年度卒業の立川華子さん。

❹ パーユアン村

押山正紀先生が定期的に学生たちの様子を確かめにきてくださいます。
◎左手前は2014年度卒業の高橋由佳さん。

女子大生たちが学んだタイ

❺ グルムアーサーパタナー財団

タイ・ビルマ国境でアカの子どもたちの救済活動をしているNGOで体験学習を行いました。◎後列は2003年度卒業の大比良裕美さん。

❻ ゴールデントライアングル

タイ、ビルマ、ラオスがメコン川をはさんで国境を接しているゴールデントライアングルに行きました。◎タイ長期FS8期目の学生たち。

❼ パンラオ村

体験学習中、お寺に捧げるためのお菓子を村人と一緒につくりました。◎中央が2016年度卒業予定の馬場友里恵さん。

❼ パンラオ村

東北タイから北タイに移住してきた村人たちの村で、染物の準備をするお母さんのお手伝い。◎写真左、2004年度卒業の藤井裕子さん。

❽ ミラー財団

ミラー財団スタッフで恵泉OGの伊能さん(前列中央)から、山地民の講義を受けました。◎伊能さん、前列右から3人目の押山先生以外の女性は、タイ長期FS14期目の学生たち。

❾ MRICH Mekong Regional Indigenous Child Rights Home

人身売買や虐待などの被害者の保護活動をするNGOでの体験学習中、子どもたちが水泳大会に出場しました。◎前列右側から5人目が2013年度卒業の白井恵花さん。

女子大生たちが学んだタイ

女子大生たちが学んだ
チェンマイ県

❷ チェンマイ大学

チェンマイに到着後すぐに、チェンマイ大学の先生や宿泊施設の方が歓迎の儀式を行ってくださいました。◎タイ長期FS3期目の学生たち。

チェンマイ大学の語学センターで、タイ語を2カ月間勉強します。◎右が2012年度卒業の板橋ちひろさん、中央は2014年度卒業の清野恵さん。

❶ ファイキアン寺

タイの伝統医療を行っているお寺で体験学習中、タイ式マッサージを習いました。◎2013年度卒業の山口紋乃さん(手前右)と、2014年度卒業の吉田結貴さん(左奥)。

❸ アカアマコーヒー

アカの若者がオーナーを務めているコーヒーショップで、フェアトレードについて調査しました。◎2012年度卒業の岡田実咲さん。

女子大生たちが学んだタイ

❹ バンギンゲーオ孤児院

民間児童保護施設を訪問し、尼僧からお話をうかがいました。◎後列左から2人目の尼僧と子ども以外は、タイ長期FS4期目の学生たち。

「子どもにとっての温かな環境とは何か」をテーマに、体験学習を行いました。
◎中央は2008年度卒業の宮川美奈子さん。

❺ チェンマイ市内

習ったタイ語を駆使して、初めての乗合バス（ソンテオ）に乗るための交渉中。◎手前から2人目が2013年度卒業の近藤衣純さん。

さまざまな場所に私たちを乗せていってくれた運転手さんと。◎右から油矢有以さん、亀崎亜耶子さん（ともに2005年度卒業）。

よりよくタイ社会を理解するためにも仏教の講義は欠かせません。
◎僧侶以外、タイ長期FS6期目の学生たち。

女子大生たちが学んだタイ

チェンマイ県

❻ ランナーウィズダムスクール

チェンマイが位置する北タイの農村文化を学ぶ授業で、伝統的な装飾品の作り方を教わりました。◎男性以外は、タイ長期FS13期目の学生たち。

❼ ノンタオ村

精霊信仰、仏教、キリスト教の3つの宗教が混在している村へ行き、「宗教の多様性」について調べました。◎右から2番目が2007年度卒業の永田朋子さん。

❽ メーガンポン村

お茶の葉を素材にした枕作りをお手伝いしながら、タイにおける一村一品運動について調べました。◎手前は2008年度卒業の志村英里香さん。

❾ モワキ村

カレンの伝統的な農法である循環型農業を行っている山の斜面の畑に、食料調達へ行きました。◎右側は2008年度卒業の堀口茜さん。

❿ トゥンルアン村

村のお母さんが手織りしてくれたカレンの民族衣装を着て、子どもたちと川へ遊びに行きました。◎左側は2008年度卒業の加藤友梨さん。

女子大生たちが学んだタイ

女子大生たちが学んだ
メーホンソン県 パヨーイ村

子どもたちは人見知りせずにいつも一緒に行動してくれ、村のことをいろいろ教えてくれました。◎中央が2006年度卒業の中西直子さん。

伝統的なカレンの家には囲炉裏があり、生活や信仰と切り離せません。寒い日には周囲に自然と人の輪ができます。
◎右奥が2008年度卒業の鈴木かほりさん。

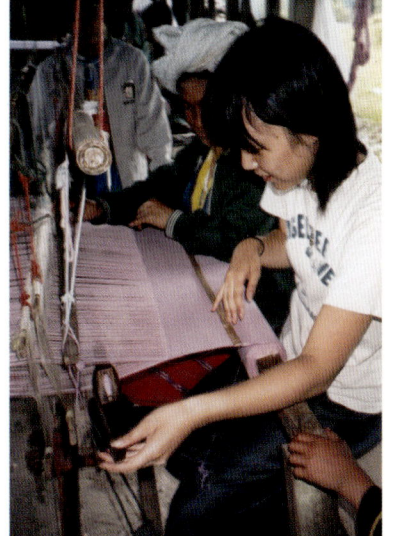

山岳少数民族の村へのホームステイ中、村のお母さんに教えてもらいながら布織り体験をしました。◎一番手前、2004年度卒業の松下実里さん。

3泊4日のホームステイでは、どこに行くにも何をするにも村人と過ごしました。
◎後列中央の女性と少年、子どもたち以外は、タイ長期FS6期目の学生たち。

女子大生たちが学んだタイ

女子大生たちが学んだ
スコータイ県
カンチャナブリ県

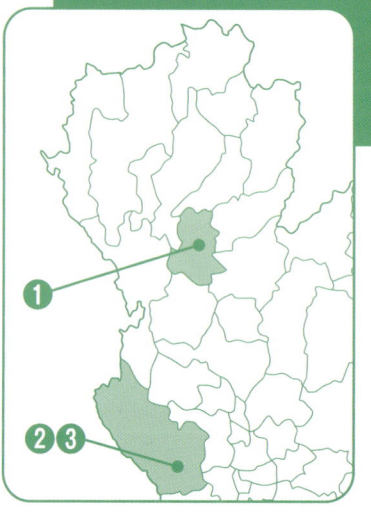

❷ カンチャナブリ県：戦争博物館

カレンの若者と一緒に泰緬鉄道に乗り、加害者としての日本について学び、考えました。
◎押山先生（中央）とタイ長期FS14期目の学生たち。

❶ スコータイ県：
ワット・サパーンヒン

タイ族が初めて王朝を開いたスコータイに行き、寺院を巡りました。◎中央が飯嶋歩美さん、3列目右から三木香織さん、川野ちづるさん（いずれも2014年度卒業）、押山先生。

❸ カンチャナブリ県：泰緬鉄道

カンチャナブリ駅から列車に乗り、泰緬鉄道がどんな地形に建設されたのかを実際に体験しました。◎男性以外、タイ長期FS14期目の学生たち。

長期フィールド・スタディで生き方が変わる

タイで学んだ女子大生たち

堀 芳枝・波多真友子
＆恵泉女学園大学体験学習（FS・CSL）委員会編

コモンズ

はじめに

　恵泉女学園大学は全校約1600人の小規模な女子大だが、2000年度よりタイ長期フィールド・スタディ(以下、長期FS)という他の大学にはないユニークなプログラムを実施している。2016年度で17回目を迎えると、計150名近くの学生が参加することになる。
　学生たちは秋学期(8〜12月)に、タイ北部のチェンマイ大学に5カ月間派遣され、まずタイ語の集中授業、次にタイの社会や開発・国際協力に関する授業(タイ語)を受け、農村や山地民の村に短期ホームステイする。その後、山地民の人権やストリートチルドレン、一村一品運動や有機農業など、さまざまな問題に取り組むNGOや住民組織が活動する村で2カ月半の体験学習を行う。そして、その経験に社会科学的分析を加えて論文を作成し、帰国後はゼミの指導教員のもとで卒業論文として発展させていく。このプログラムには毎年6〜15名の学生が参加する。
　2005年度には、文部科学省の「特色ある大学教育支援プログラム(Good Practice ＝GP)」に採択された。修了生からは、青年海外協力隊員、NGOのスタッフ、有機農業者など個性的な人材を輩出してきた。また、海外留学でキャリアアップを目指す学生もいる。
　21世紀に入って、文部科学省を中心に「グローバル人材の育成」というかけ声が高まるなかで、スタディーツアー、エクスポージャー、フィールド・スタディ、海外実習などを取り入れる大学や高校が増えてきた。これらの名称と学習到達目標は多様であるが、事前学習を踏まえて現地を訪問するという点は共通している。そこで、本書の第1章ではタイ長期FSの概要を紹介し、新たに導入しようとする大学・高校の担当者の参考となるような記述を心がけた。
　第2章は参加した学生たちへのアンケート結果と、卒業後の進路選択、

自らの人生観や国際社会についての考え方などにどのような影響を与えたかを整理し、彼女たちの声を紹介した。そして第3章では、とくに優れた10本の論文を掲載している。論文をとおして、学生たちがどのように学びを深めていったかがおわかりいただけるだろう。なお、紙幅の制限があるため、全文ではなく抜粋とし、それにあたって若干表現を変えた部分があることをお断りしておく。また、執筆当時のデータで、参考文献は割愛している。

　1980年代後半から90年代前半にかけて大学生だった筆者やその周囲は、アルバイトで資金を貯め、長期休暇を利用して海外に行った。休学して世界一周やワーキングホリデーに挑戦した者もいる。日本はバブル経済の真只中であったが、自分はどのような存在であり、何がしたいのか、何をすべきなのかを、国際社会を見るなかで、自らの力で模索していたと思う。そのころから考えると、教育機関として大学の果たす役割は大きく変わったといえる。

　私たちが行うタイ長期FSの目的は、学生が国境を越えて多様な社会や価値観と遭遇し、当事者たちの声を聞くことによって、世界や日本に対する視野を広げる（「変容的学習」を促す）ことである。変容的学習は、自分自身を見つめ直し（自己省察）、行動するきっかけ（行動変容）をもたらす。言ってみれば、海外で行う究極のアクティブ・ラーニングである。さらに、グローバルな観点から社会的公正を目指す市民の育成をも目的としている。卒業後に国際協力や国際社会の平和を担う専門性を身につける原初的な体験となるように、学部教育に組み込んできたのである。

　また、この長期FSの独自性として2点を指摘しておきたい。

　ひとつは、恵泉女学園の創設者・河井道（1877～1953年）の教育理念との関連である。新渡戸稲造や津田梅子に師事した河井道は、YWCAの初代総幹事として世界を歴訪し、さまざまな教育制度についての見聞を広め、1929年に東京・神楽坂で恵泉女学園を開校した。そのとき河井は、教育理念として次の3点を掲げ、正課に取り入れた。

　①自己を尊重し、人種や階級にかかわりなく他人を尊重する（キリスト教）

②日本女性が世界を知り、偏見をなくし、それに対峙する(国際)
③自然を慈しみ、生命を尊び、人間の基本的なあり方を学ぶ(園芸)

　現在の恵泉女学園大学でも、「キリスト教入門」「平和研究入門」「生活園芸」は1年次の必修科目である。とくに、農薬と化学肥料を一切使用せずに野菜と花を育てる生活園芸は、「長靴を履いた女子大生」のキャッチで親しまれ、注目を集めている。

　タイ長期FSは、この3つの教育理念を実践的に発展させるプログラムとして学部教育に組み込まれていると考えてよい。学生たちが自分のテーマを選定する際の価値観や志向性に、これらが現れることが多いからだ。たとえば、キリスト教に改宗したカレン族の村、タイの有機農業の取り組み、カレン族のノンフォーマル教育、ハンセン病患者の支援、少数民族の国籍問題、エイズ孤児のコミュニティ・ケア……。

　学生たちはどの学科に所属しているのかに関係なく、3つの教育理念を学ばなければ選択しないようなイシューをテーマに取り上げる。そして、地域や当事者の視点に立ち、問題解決のためにどうしたらよいかを考えていく。その意味で、このタイ長期FSは「グローバル人材の育成」を先取りし、学生主体の学びのサポートを内発的に展開していると言ってよいのではないだろうか。

　もうひとつは、恵泉女学園大学が短大だった当時から、アジア重視の教育を行い、タイ・ワークキャンプをチェンマイのパヤップ大学と合同で実施してきたという歴史である。たとえば、短大当時から第二外国語として、タイ語、インドネシア語、韓国語、中国語などのアジア系言語が充実していた。また、今日に至るまで、毎年多くの学生と教員がこのワークキャンプに参加し、教会や村の集会所の建設などのボランティアワークを行っている。そのため、学科を超えてタイに行きたいという学生が潜在的に多い。専門分野を超えてタイを理解し、親しみを持つ教員も複数いる。こうした教育のあり方とタイとの交流の歴史からも、単に「グローバル人材の育成」というトレンドを追うのではなく、きわめて内発的であることがわかる。

これに関連して、タイ長期FSを現地で担当する教員の押山正紀を紹介したい。押山は恵泉短大英文科の卒業生（1989年卒）である。彼女は在学中に内海愛子名誉教授（日本―アジア関係研究、現・大阪経済法科大学アジア太平洋研究センター所長）の授業を受けて感銘し、タイ・ワークキャンプに参加した。そして、タイの地域開発に関心を持ち、卒業後にチェンマイ大学教育学部ノンフォーマル教育学科で修士号を取得。日本人としてタイとどのように関わったらよいかを考えるなかで、京都精華大学のフィールド・スタディ・コーディネーターを経て、本学の担当者となった。

　恵泉女学園以来の教育理念を理解する押山が、チェンマイ大学やNGO、山地民の村、有機農業の村とのネットワークを構築しているからこそ、本学らしいタイ長期FSが実現できている。彼女が担当者になったのは、タイ語が堪能であるとか修士号を持っているとか、タイミングがよかったというだけではない。偶然は必然なのかもしれない。

　以上のことから、恵泉女学園大学の教育理念を海外で実践的に実現しているのがタイ長期FSであることが、ご理解いただけたであろう。参加した学生たちが、どのように学び、世界や日本に対する視野を広げ、自分自身を見つめ直して、どのような進路選択をしていったのか。本書で、その成長のエッセンスをお伝えできれば幸いである。

2016年2月

体験学習（FS・CS）委員会委員長　堀　芳枝

目　次

はじめに　●堀　芳枝 ――――――――――――――――― 2

第1章　プログラムの概要と運営体制　●堀　芳枝 ――― 8

恵泉女学園大学における3つの体験学習　*8*
運営の仕組みと学生の選考　*9*
危機管理システム　*10*
プログラムの概要　*11*
学生たちの学び　*12*
受け入れ側の 村人の思い、私たちができるお返し　*14*

第2章　生き方が大きく変わった　●波多真友子 ――― 16

卒業後の進路選択に与えた影響　*20*
人生観や国際社会の見方に与えた影響　*21*
参加したきっかけや動機は？　*23*
体験学習中に一番つらかったこと、そしてそれをどう乗り越えたか？　*24*
これから参加する後輩へのメッセージ　*24*

第3章　私たちの成果 ————————————— 26
　1　北タイにおける山地民カレンの結婚観　●飯嶋 歩美 ——— 26
　2　歴史的環境の保全と地域社会　●蓮見 朱加 ——————— 38
　3　山地民の文化・伝統の維持とその意義　●伊能さくら ——— 48
　4　タイのユーミェンにおける移動の歴史　●波多真友子 ——— 58
　5　北タイのハンセン病元患者の現状　●寺岡久美子 ————— 67
　6　チェンマイにおけるストリートチルドレンと児童労働
　　　・児童売買春　●金子 由佳 ——————————————— 76
　7　メコン川流域の子どもがかかえる課題　●河野有里子 ——— 86
　8　ビルマからタイに移動する人々と Mae Tao Clinic　●吉野 都 ——— 96
　9　生産者にとってのフェアトレードコーヒー　●藤森 綾 ——— 106
　10　有機農業はなぜ継続するのか　●近藤 衣純 ——————— 116

あとがき　●波多真友子 ————————————————— 125

恵泉女学園大学の5つの特徴 ——————————————— 126

7

第1章
プログラムの概要と運営体制
堀 芳枝

I 恵泉女学園大学における3つの体験学習

　ここではタイ長期FSプログラムの概要を説明し、その運営体制と危機管理について説明していきたい。

　恵泉女学園大学では1～4年の全学生に対して、タイ長期FSを含めて3つの体験学習を実施している。それらのプログラムを統括するのが体験学習(FS・CSL)委員会である。まず、他の2つの概要を紹介しておこう。

　タイ長期FSに先駆けて、1999年から短期フィールド・スタディ(以下、短期FS)を始めた。これは、担当教員の専門地域を10日から2週間ほど訪問するプログラムである。当初は、学内で「変わり者」の教員がインドネシアやバングラデシュなどに学生を連れていった。現在では、体験学習(FS・CSL)委員会の統括のもとに、教員たちが交代で、夏休みと春休みに6つのプログラムを実施している。1つのプログラムには2～4年生、10～15名が参加する。これまでに17カ国を訪れ、過去5年間では30回、約300名が参加した。

　2005年度からは、日本国内でのコミュニティ・サービス・ラーニング(以下、CSL)も開始した。FSと同じように、自ら学外に出て、考え、行動する力を養い、体験を通した学びや自己理解を深め、自分と社会のつながりについて考えるプログラムである。毎年、1～4年生の10～20名が参加する。体験学習の場は、学生が福祉、環境、国際協力などの分野で、大学に近い多摩地域を中心とする福祉団体、NPO、NGOなどから問題関心に沿って選ぶ。そして、36時間以上、かつ7日間以上の活動を継続して行う。

　たとえば、多摩市の唐木田児童館で放課後に集まってくる小・中学生と過ごしたり、川崎市の黒川青少年野外活動センターで子どもたちと一緒にキャンプに参加する。新宿区の「みんなのおうち」では、外国にルーツを持つ子どもたちの学習支援を行う。活動先との交渉や学生の活動中の見回りなどは

担当教員が行い、プログラム全体の方向性や調整は体験学習(FS・CSL)委員会が担当する。

体験学習(FS・CSL)委員会は、これら3つのプログラムの企画や運営、学生サポートに関わる。タイ長期FSについては、現地教員の押山正紀と連携して、プログラムの企画や学生の選考、事前授業、評価を統括している。

運営の仕組みと学生の選考

体験学習(FS・CSL)委員会は、FSとCSLを担当する人間社会学部の教員7名で構成されている。加えて、教務課の担当者1名とFS・CSL室配属のコーディネーター1名がサポートする(図1)。

タイ長期FSの実施にあたっては、大橋正明名誉教授がチェンマイ大学教育学部のドゥシット・ドゥアンサー教授に働きかけ、1997年にチェンマイ大学と恵泉女学園大学との間で大学間協定を締結。チェンマイ大学教育学部が受け入れ先となった。タイにおけるプログラムの運営や日常的指導のシステムは、押山がチェンマイ大学や体験学習(FS・CSL)委員会と連携しながらつくっていった。学生の体験学習先は、チェンマイ大学と押山自身が構築したネットワークから選定する。受け入れ先との信頼関係の構築を大切にする

図1　プログラムの実施体制と危機管理システム

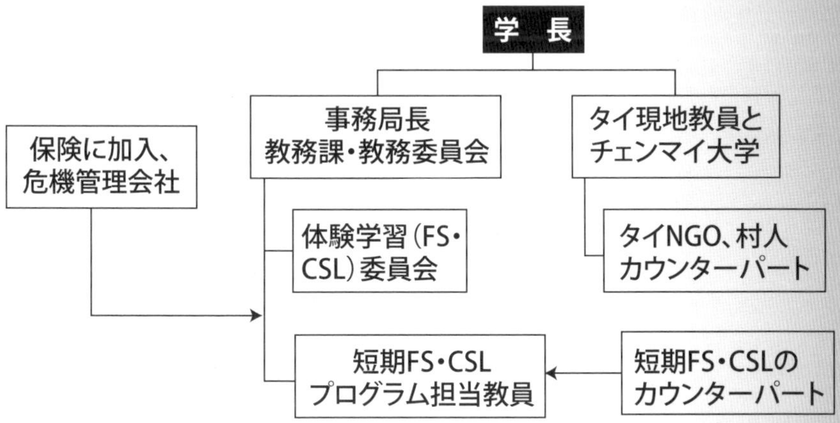

```
                    ┌──────────┐
                    │  学  長   │
                    └─────┬────┘
         ┌────────────────┼────────────────┐
         │                                 │
   ┌─────┴──────┐                    ┌─────┴──────┐
   │ 事務局長    │                    │タイ現地教員と│
   │教務課・教務委員会│                │チェンマイ大学│
   └─────┬──────┘                    └─────┬──────┘
┌─────┐  │                                 │
│保険に加入、│  │                           ┌─────┴──────┐
│危機管理会社│  │                           │タイNGO、村人│
└─────┬──┘  ┌─────┴──────┐              │カウンターパート│
      │    │体験学習(FS・│              └────────────┘
      │    │CSL)委員会   │
      │    └─────┬──────┘
      │          │
      │    ┌─────┴──────┐    ┌────────────┐
      └───→│短期FS・CSL  │←───│短期FS・CSLの│
           │プログラム担当教員│   │カウンターパート│
           └────────────┘    └────────────┘
```

とともに、受け入れ側と互いに学び合えるように努力してきた。

　学生がこのプログラムに参加するためには、「タイ語」(I〜III)と「フィールド・スタディ入門」のほか、「社会調査方法論」「社会開発論」「NGO・NPO論」「アジアの民主主義」といった推奨する専門科目を履修しなければならない。また、学生主体の学びであるから、自分でテーマを決定する力が求められる。

　参加学生の選考は、体験学習(FS・CSL)委員会の教員と押山が帰国時に面談し、ゼミ担当教員の意見も参考にしながら慎重に行う。選考基準は、成績評価値が平均GPA2.1以上であることに加えて、タイに行きたい理由が明確であるか、体験学習をしたいテーマをどれくらい具体的に説明できるか、などである。また、健康で、好き嫌いせずに何でも食べられるか、異文化に一人で飛び込んでもやっていける性格であるかを、とくに重視する。体験学習で伸びるのは、明るく素直で、タイの人びとに可愛がられる学生であるからだ。

危機管理システム

　2001年のアメリカの9.11テロ、鳥インフルエンザなどの感染症、2015年のパリ同時多発テロなど、国際情勢はますます不安定になっている。タイ長期FSは滞在期間が5カ月にわたるため、慎重な危機管理が求められる。

　まずプログラム実施前に、保護者に対して保証人会を実施する。そこでは、体験学習(FS・CSL)委員会の教員と押山が出席し、プログラム内容と、タイの情勢が変化した場合にどのような対応を取るつもりでいるかを説明し、理解と協力をお願いする。学生は、出発前に健康チェックシートを提出し、海外渡航危機管理説明会へ出席しなければならない。

　また、参加者は全員、出発前に海外保険に加入する。大学は危機管理会社(日本アイラック)と契約して、海外渡航についての情報や、事故が起きた際のシミュレーションを2年に1回実施している。タイでは、押山がプログラム実施前に、在チェンマイ日本領事館やタイ警察、関係機関に対して、協

力を依頼する。

　プログラム実施中は学生の単独行動を禁止し、夜間外出は慎む。そして、携行品の取り扱いに注意し、チェンマイ大学のゲストハウスに滞在中はセイフティボックスに保管するように促している。さらに、最初の約1カ月は、学生と同じ宿泊施設に滞在して生活支援を行う、FS・CSL室配属のコーディネーターが同行する。このコーディネーターはタイ長期FSに参加経験のある卒業生であるので、学生たちのサポート役として非常に効果が高い。

　タイ長期FS開始後の15年間で、大きな交通事故が1回あった。体験学習終了後にゲストハウスに戻った学生が、道路を横断しようとして通勤途中のバイクにはねられたのだ。また、3名が病気で途中帰国した。しかし、プログラムの中止には至っていない。押山の適切な判断、体験学習(FS・CSL)委員会の教員や教務課の迅速な対応および、保証人のプログラムへの理解と協力が得られているからである。

　とはいえ、今後の国際情勢がどうなるかはわからない。体験学習(FS・CSL)委員会が中心となり、押山とチェンマイ大学、保証人と連携しながら、危機管理システムをより整備する必要性が高まるだろう。プログラム実施の可否は、外務省の国・地域別危険情報を参照しながら、現地の最新状況を複数の情報筋から確認したうえで判断している。

プログラムの概要

　当初プログラムは、8月後半から翌年1月末まで行っていた。しかし、就職活動のスタート時期が早まり、1月末までタイにいると就職活動に出遅れるのではないかという理由で、参加を見送る学生が増えたため、2010年度以降は8～12月に変更した。

　8～9月はチェンマイ大学のゲストハウスに宿泊して、「タイ語学研修」(4単位)、タイ社会や文化、貧困や開発について学ぶ「地域実地講義」(4単位)を履修する。週末にはNGOや農村、山地民の村を訪問し、体験学習先を決定していく。そして、10～12月前半に、それぞれのテーマにもとづき、「課

題研究 I」(4単位)、「課題研究 II」(4単位)として、体験学習を行う。その際、押山は定期的に学生たちを訪問し、現場でも指導する。

　学生はこの体験学習中に 3 回チェンマイ大学に戻り、中間報告会で自らの体験と進捗状況をプレゼンテーションする。中間報告会には、押山やタイの NGO スタッフ、さらに体験学習 (FS・CSL) 委員会から東南アジアを専門とする教員が 1 名出席する。

　1 回目の中間報告会では、体験学習先の村や NGO 組織の概要の聞き取りがきちんとできているか、村や NGO がかかえる問題を正確に理解しているかをチェックする。そのうえで、学生がとくに何を調べたいのかが明確になるよう指導していく。ときには学生と一緒に体験学習先に赴き、学生と議論する。2 回目の中間報告会では、自分が深めたテーマを中心に発表する。体験学習終了後に行われる 3 回目の報告会では、それまでの体験や自らのテーマについて改めて振り返る。そこに、学生の発見や独創的な視点が盛り込まれていることが望ましい。

　こうして参加学生は、秋学期にタイで計 16 単位を履修できる。そのため、休学しなくても 4 年間で卒業が可能となり、経済的負担が少ない。さらに、2013 年度からは日本学生支援機構の「海外留学支援制度」に採択され、1 カ月 7 万円の給付金をいただいている。

学生たちの学び

　学生がタイ長期 FS で学ぶことは、以下の 5 つにまとめられる。

　第一に、タイ語の習得である。チェンマイ大学タイ語研修センターで約 1 カ月間、タイ人の先生から毎日 3 ～ 4 時間タイ語を学ぶ。体験学習で使えるように早く習得させるため、学生 3 ～ 5 人に対して教員 1 人が担当する。これによって、事前に修得したタイ語をブラッシュアップし、学生が一人で農村や NGO で基本的なコミュニケーションを円滑にとれるようにする。

　タイ語は声調が難しく、習得が大変だが、学生は生活しながら単語を一つ一つ覚え、自分の聞きたいことをノートに取るなどして記録していく。それ

でも、わからないこと、聞き方に悩むことに対しては、押山が見回りで来たときにフォローする。学生たちには帰国後、タイ語検定にチャレンジするように促している。これまでに、4級と3級の合格者を出した。

　第二に、タイ社会を理解するための講義である。タイの歴史、文化や社会構造、価値観や信仰、教育やジェンダー、子どもや山地民に関する問題も取り上げる。チェンマイ大学での学びをとおして、自分のテーマを深めたり、体験学習先の希望を変更する学生もみられる。

　第三に、チェンマイ大学でタイ語と現地講義を受ける合間を縫って、体験学習先候補を押山の指導のもとに、全員で10カ所程度訪問する。NGOやタイの伝統的な村、山地民の村などだ。

　学生たちは、8〜9月に行われるこうした講義や現地訪問から、何をテーマにしたいのかを再検討し、最終的な体験学習先を決定する。他の学生たちと日々切磋琢磨しながら、テーマを突き詰めて考え直し、体験学習先を自分で決定するプロセスは、学生が成長するための大切なステップである。

　第四に、学生たちは約2カ月間、自ら決めた体験学習先でフィールドワークを行う。これがタイ長期FSの山場である。学生たちはNGOや村で、タイや山地民の人びとと一人で向き合うことになる。言葉が思うように通じず、ライフスタイルも異なる環境に放り込まれ、自分の気持ちや意思を伝えていかなければならない。しかも、新たな情報を得て、それをまとめて報告会で発表しなければならない。相当なプレッシャーであろう。体験学習は自分で自分を励まし、NGOや村の人びとと向き合う作業である。それは、自分自身を克服していく作業でもある。このプロセスで、学生たちは大きく成長していく。

　体験学習をとおして学生たちが習得するのは、タイ語や報告会でのプレゼンテーションや論文の書き方といったスキルだけではない。まず、異文化を肯定し、他者と積極的にコミュニケーションする能力である。次に、言語や服装、ライフスタイルは違っても、人間として他者を思いやる温かい気持ちや、愛情、自然を大切にする心は同じであるということだ。

　第五に、異文化のもとで言葉も民族も違う人びとと対話を重ねることは、

自分自身の生まれた環境や家族、生い立ちを振り返ることになる。そして、日本社会の家族関係や社会構造などを再検討する。そのうえで、学生は自分が日本の家族や生活空間、さらには国際社会とどう向き合い、何ができるかを考えるようになる。

タイ長期FSは、TOEICの点数のように、成果が数字で具体的に表れるものではない。「タイ語を学んで何になるのか」「半年間もタイでふらふらと何をしているのか」と口さがなく言う人もいる。しかし、タイ長期FSはタイ語や社会を客観的に分析する能力に加えて、どんな環境でも生活できる柔軟さ、誰とでも協働できるコミュニケーション能力、生きていくうえでとても大切な価値観の形成、将来の進路への強い動機づけといった「ライフスキル」を身につけられると言えよう。

そして、国際社会でグローバルに展開する企業やNGOは、こうした力を持った人材を求めている。タイ長期FSに参加した学生が就職活動で内定を得られるのは、その証拠である。

受け入れ側の 村人の思い、私たちができるお返し

では、学生を受け入れてきたタイの人びとには、どのような影響があったのだろうか。恵泉女学園大学(以下、本学)では2008年2月に、「海外体験学習における受入側のインパクト」という国際シンポジウムを行った。そこに出席したチェンライ県パンラオ村の小学校教員スマリー・ワナラットさんの発表を簡単に紹介しよう。

「パンラオ村の村人たちは、学生の受け入れが決まったとき、最初はどうしたらよいか不安でした。でも、学生たちが実際に村に滞在して、交流するうちに、学生たちが来ることを楽しみにするようになったのです」

村人たちは、学生が村の伝統や昔ながらの知恵に興味を示したことによって、それまで当然と思っていた伝統の価値を再評価し、誇りに思うようになったという。また、村人が学生たちに教えるなど村が勉強の場であることに気づき、一緒に体験するなかで、言葉や文化の違いを超えて、互いに学び

合うことができると感じたそうだ。

　一方で、学生たちは村人とは異なる価値や商品を持ち込んだ。たとえば、村人と違う服装、髪の色、カメラなどの電気製品は、10代の若者たちに大きな影響を与えている。体験学習に際して服装や生活態度について指導しているが、どうしても起きてしまうネガティブな側面である。

　受け入れていただくことへのお返しも、大切である。学生たちはNGOや村人が生産した有機栽培コーヒーや天然はちみつを学園祭で販売している。また、2000〜08年にかけてはチェンマイ大学からの留学生を1名受け入れたほか、体験学習でお世話になったNGOや村から9名がバングラデシュの短期FSに、本学の学生と一緒に参加した。

　2012〜14年にかけては、カレン族の青年たちを日本に招き、果樹を専門とする小林幹夫教授が梅の木の剪定方法を教えたり、山村の有機農家を訪問して、農業技術について交流した。さらに、2012年と15年には、小林教授がカレン族の村に赴いて、果樹の剪定や肥料の作り方などを指導している。

　このように、タイ長期FS終了後も、本学とチェンマイ大学、NGO、村との関係を継続していくことが重要である。3つの体験学習をより発展させ、受け入れ先とのつながりを深めるために、今後はタイ長期FSを経験した学生たちがCSLに積極的に参加することや、本学が中国や韓国の学生の受け入れ先となり、教員のネットワークを活用して日本でフィールド・スタディを実施するなどの新しい取り組みを模索していきたい。

恵泉女学園大学体験学習(FS・CSL)委員会では、2014年度までにタイ長期FSに参加した124名の学生に対して2015年6月にアンケート調査を行い、15年8月までに78名から回答を得ました(回答率62.9%)。以下は、その結果(各質問に対する選択肢ごとの回答割合)をまとめたものです。

質問①〜⑩は、「非常に覚えている」(「非常に影響を与えた」)、「かなり覚えている(「かなり影響を与えた」)、「あまり覚えていない」(「あまり影響を与えていない」)、「ほとんど覚えていない」(「まったく影響を与えていない」)の4つの選択肢から答えています。ゼロだった回答は記載していません。なお、質問⑪の「(タイ長期FSを)やめたほうがいい」もゼロでした。

また、20〜25ページには、アンケートの自由記述欄から印象的なものを抜粋して紹介しています。回答者の年齢は、2015年8月現在です。

①タイ長期フィールド・スタディに参加したこと ［単位：%］

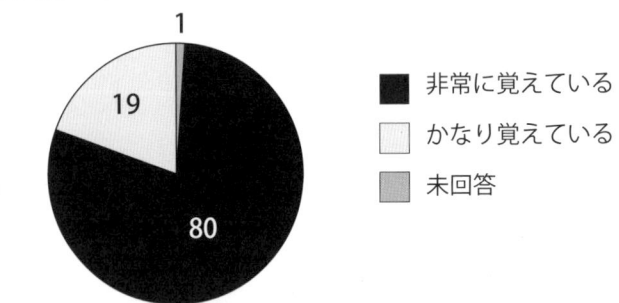

②タイへ出発前に行う事前授業 ［単位：%］

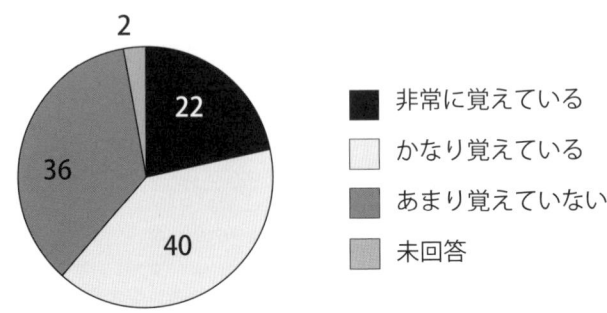

第2章
生き方が大きく変わった
波多　真友子

③タイで受けたタイ語の授業　［単位：％］

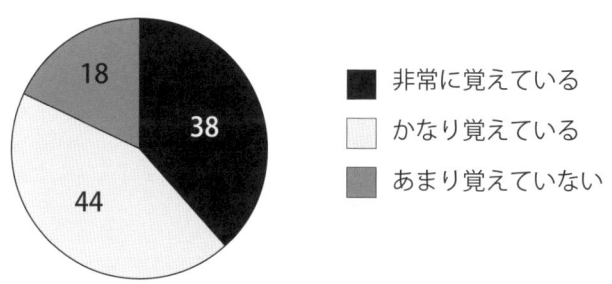

④タイ人講師によるタイの歴史、開発、山地民やジェンダーなどの授業　［単位：％］

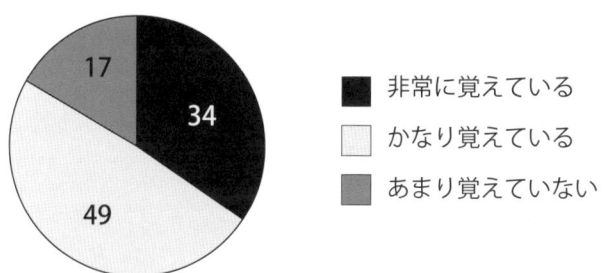

⑤体験学習前の農村フィールドトリップ（平地タイ人、山地民を含めて）　［単位：％］

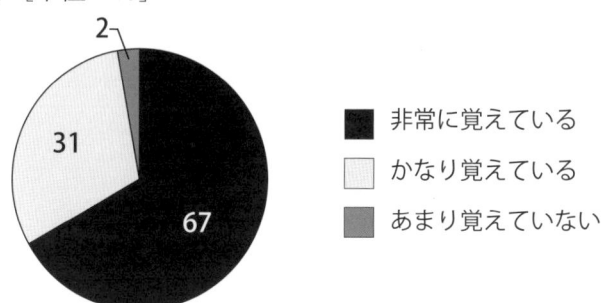

17

⑥体験学習中、3回行われる中間報告会　[単位：%]

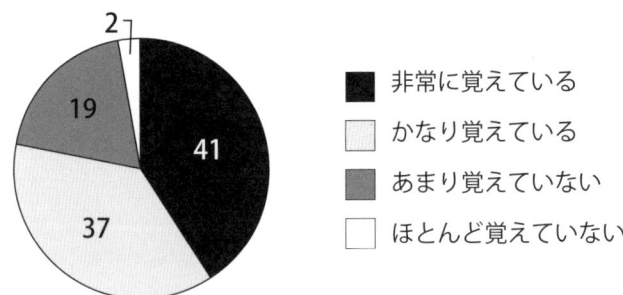

⑦体験学習レポートをまとめたチェンマイでの日々　[単位：%]

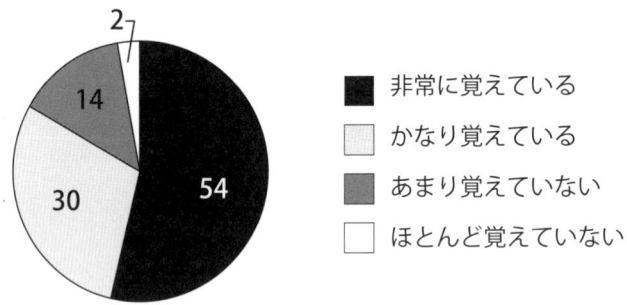

⑧プログラム終了から帰国までの自由時間　[単位：%]

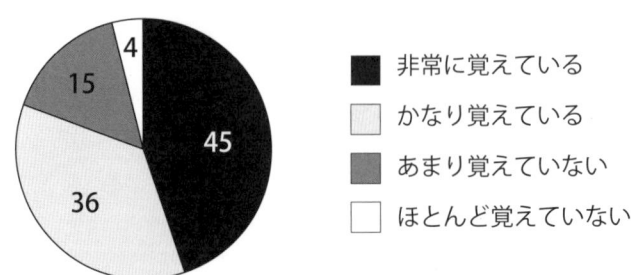

⑨タイ長期フィールド・スタディに参加したことは、卒業後の進路選択(転職を含めて)に影響を与えたと思うか？［単位：％］

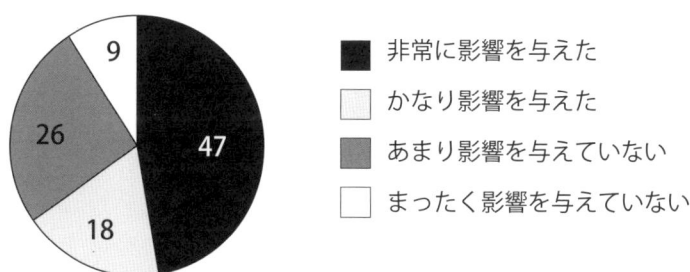

⑩タイ長期フィールド・スタディに参加したことは、自分の人生観や国際社会についての考え方に影響を与えたと思うか？［単位：％］

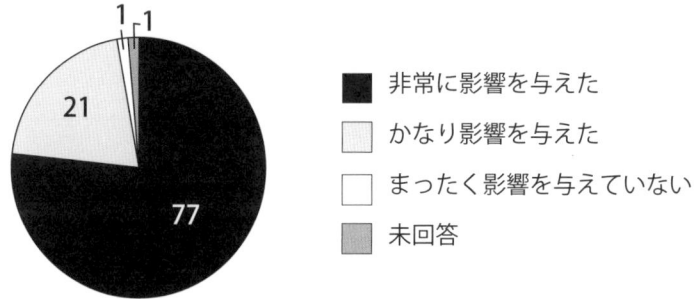

⑪今後もタイ長期フィールド・スタディを継続したほうがいいと思うか？［単位：％］

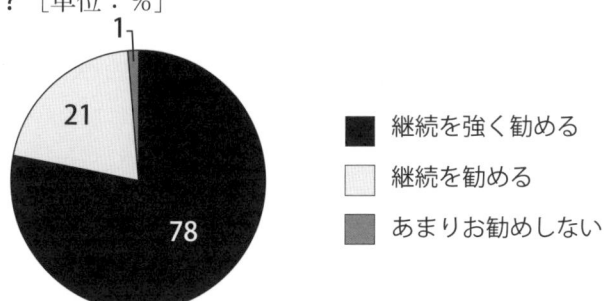

卒業後の進路選択に与えた影響

❋ガイドブックなどでは決して知ることのできないタイを知り、一層タイに興味を持った。そしてタイへ語学留学。現在に至るまで、タイで仕事し、生活している(36歳、日系航空会社スーパーバイザー)。

❋体験学習先で行われていた地域還元型ツーリズムやエコツーリズムに帰国後も関心を持ち、恵泉の大学院に進学。在学中に環境保護団体へ派遣される奨学生に選ばれ、卒業後は職員となった(41歳、主婦)。

❋日本向けの野菜を育てるために農薬を使い、出荷しやすいように道路を舗装していた山村で体験学習を行い、「開発」の一端を垣間見た気がする。そこで強烈な違和感を覚え、持続可能な農に携わる仕事をしたいと思い、現在は生活協同組合で働いている(31歳、団体職員)。

❋山地民であるカレンの人たちの営む循環型の焼畑や自給自足の暮らしを体験し、持続可能な農に根ざして生きていく大切さを学んだ。新規就農して現在に至るが、タイで学んだことを自分のフィールドに活かしていきたいと考えている(29歳、自営農家)。

❋人の役に立ちたい、誰かに必要とされることが自分にとっての幸せだと感じるようになり、介護の道に進んだ(33歳、介護士)。

❋フェアトレードコーヒーを通して、生産地から消費者の口に入るまでの過程を知り、人と人のつながりの大切さを学ぶことができた。仕事を求める人と、人材を求めている会社をつなげられる仕事がしたいと思い、人材派遣会社で働くことを決めた(24歳、人材派遣会社勤務)。

❋私の人生において新しい扉を開けるきっかけとなりました。就職や結婚、出産といった人生での大きな選択をするときは、いつも長期FSを思い出します(29歳、シニアマーケティングマネージャー)。

❋世界は広く、いろんな文化や価値観があるが、幸せを願う心は同じであるということを学んだ。旅行という楽しいことで、もっと世界の

人とつながりたいと思い、旅行会社への就職を決めた。その後、長期FS中に出会ったライフスキルを持つ村人やその生き方を自分なりのスタイルで日常の生活に活かしたいと思い、転職した（28歳、会社員）。

✿タイの山村でのホームステイ体験から、自然とともに生きる楽しさ、モノやお金に頼らない幸福を感じる生き方を学び、地域を活性化させる仕事がしたいと思った（24歳、地域おこし協力隊隊員）。

人生観や国際社会の見方に与えた影響

✿国際社会問題への関心が高まった。一つの問題は小さいことかもしれないが、国と国で分けるのではなく、アジアという地域ひとくくりで、あるいは世界という地球規模で考えることもときには必要ではないかと、参加後に思うようになった（24歳、人材派遣会社勤務）。

✿子どもの育て方について影響を受けたと思う。村では子どもたちが自分よりも小さい子どもの面倒を見るなど、小さいながらにまわりを見て、役割を持ち行動している姿や、子どものお手本となるおとなが親以外にたくさんいる環境が印象に残っている。そのことから、友人と子育てサークルを設立しイベントを行ったり、自分の友人や親せきとたくさん関わることができる環境を子どものためにつくろうと心がけた（30歳、主婦）。

✿普段の生活でモノやお金ばかりに執着するのではなく、家族や友達との時間を大事にしていきたいという考え方に変わった（23歳、事務職）。

✿タイでの学びから、日々の衣食住に不自由せずに暮らせることは、実は当たり前ではなかったことに気づいた（31歳、会社員）。

✿文化、生活習慣、時間の感覚が異なる相手を認め、尊重して受け入れる「他者理解」という面で、影響を受けた（33歳、主婦）。

✿タイで出会った自立した女性のあり方が、自らの人生に一番影響を与えた。意見をしっかり持ち、必要な場面で発言し、はつらつと生きて

いる彼女たちから、自立している人は生きることに真剣だし、知恵があることを学んだ。人生に必要なものはお金よりも、どう生きていくかの意志であると思う(33歳、有機農場経営者)。

✤ 長期FSで現場へ足を運び、自分の五感を使って学んだ経験が視野を広げてくれたし、現在の子育ての軸になっている。結婚を機に渡米したが、「違い＝個性」としてお互いを受け入れ、相手に関心を持てる心の広い人間に育ってほしいと思っている(41歳、主婦)。

✤ タイでは自らの性をオープンにしている人が多かったので、LGBTについてだんだんと受け入れられるようになった。それまでは彼らを受け入れているようでいて、偏見があった自分を恥ずかしく思った(28歳、ソーシャルワーカー)。

✤ 長期FSに参加するまで「国際社会における弱者」は遠い世界にいる人たちのことだと感じていた。しかし、苦しみながらも自らが進む道を見出そうと努力を続けている人びとと出会い、自分が何をするべきか、何ができるかをより考えるようになった(33歳、県庁嘱託職員)。

✤ もっと世界を見たくなった。地球には知らない人や世界が広がっている。世界で活躍している人たちと一緒に仕事がしたいと思った。日本にいるだけではもったいない！(28歳、国際交流基金海外調整員)

✤ 一歩踏み出してみて、自分のいる世界と外の世界が全然違うことがわかり、体験学習の大切さを知った(29歳、教員)。

✤ 知識を得る、異文化のなかで暮らすという経験と同じくらい自分と向き合うことができた(35歳、私立中・高校事務職員)。

✤ 体験学習先の村の若者に、「あなたにとっての幸せとは何か」と聞かれ、思いつかなかった。その若者は、何気ない日常に幸せを感じているという。自らの考えの浅はかさに、恥ずかしくなった(23歳、主婦)。

参加したきっかけや動機は？

✤恵泉女学園大学の最も特色のあるプログラムであることを入学前から知っており、国際協力やNGOの活動に興味関心があった。入学するからには絶対参加したいという思いで参加(31歳、生活協同組合職員)。

✤大学2年生のときにバックパッカーとしてタイに行き、その魅力に惹かれた。3年生でタイ短期FSに参加。今までの旅行では感じたことがなかったタイのリアルな生活環境やタイ人の人間性について、もっと深く知りたいと思った。最終学年である4年生で長期FSに参加することについてとても悩んだが、自らの大学生活とタイは切っても切り離せないものだったので、参加を決意した(35歳、主婦)。

✤高校生のときから関心のあったフェアトレードについて、自分の目で生産から消費者の手元に届くまでを見てみたいとずっと思っていたため(24歳、人材派遣会社勤務)。

✤タイワークキャンプで初めてタイに行き、もっと知りたいと思い、日本ではできない体験もできると思ったから(32歳、若者自立支援事業)。

✤中学生のときにたまたま見たフィリピンの学校に行けない子どもに関するドキュメント番組をきっかけに、アジア(東南アジア)に興味をもち、この長期FSに参加するために入学した(36歳、日系航空会社スーパーバイザー)。

✤短期FSでタイに行き、そのときの山地民の村でのホームステイが忘れられなかった。彼らに触れてみて、なんて心の豊かな人たちだろうと感動し、彼らから何かを学びたいと思った(34歳、病院日本語通訳)。

体験学習中に一番つらかったこと、そしてそれをどう乗り越えたか？

❊ ホームステイ先の家族や村人との関係構築にあたって、言葉が通じないことが一番の壁だった。しかし、言葉が通じずとも生活態度や表情などあらゆる手段を使って、相手に「自分は良い関係を築きたいと思っている」ということを理解してもらおうと努力した。人間関係を構築するうえで言葉はひとつの大切なツールだが、もっと大事なものもあると学び、壁を乗り越えられた（23歳、和装スタイリスト）。

❊ 村人は私を受け入れてくれたが、自分の問題で内向的になり、引きこもりのようになってしまった。そのため、調査も思うように進まなくなってしまった。その経験から自分が弱い存在であることを初めて知り、徐々に心が外に向けられるようになった。思うようにいかなかったことが、私にとって大切なかけがえのない経験になった（33歳、主婦）。

❊ 心を開いて自分からコミュニケーションをとることから人間関係は始まる、伝えたいことは話さないと何も相手に伝わらないということを学んだ。少し人見知りだった私の性格を変え、その後の交友関係を広げるのに、とても役立ったと思う（30歳、主婦）。

これから参加する後輩へのメッセージ

❊ チェンマイでタイ人の先生から教わったこと、体験学習先での日々から学んだことや貴重な経験はもちろん、一緒に参加した中での楽しい時間は大学を卒業しても決して忘れられない。卒業して時間が経てば経つほど、そのことに気づかされるでしょう（36歳、日系航空会社スーパーバイザー）。

❊ 机上で4年間勉強することと、長期FSの半年間に得られるものには、

大きな違いがあると思う。そのくらい学べることの多いプログラム（34歳、病院日本語通訳）。

✿この経験は、必ずその後の人生の糧になるでしょう。日本では経験できない世界に飛び込むことは勇気がいるかもしれませんが、難しく考えすぎず、目の前に広がる世界を思いっきり楽しんでください(29歳、シニアマーケティングマネージャー)。

✿辛いこと、悩むことが多くあったが、それらを自分で乗り越えていったことが今の自信になっている(28歳、主婦)。

✿自分で考え、自分で選択し、自由に学ぶことができる境遇に感謝し、おおいに楽しんできてください(33歳、介護士)。

✿失敗を恐れず、変なプライドも恥もすべて日本に置いていくこと！長期FSで出会ったすべてのことを、まずは素直に受け入れること！自分を思い切ってさらけだすこと！　自分なりに考えて、仲間と意見交換すること！　美味しいものを食べて、いっぱい笑って全力で楽しむこと！　すべてのできごとに感謝すること！(23歳、和装スタイリスト)

✿感受性が高く、最も吸収力のある大学生のときに学び得たものは、これからどういう人生を送っていきたいのかという価値観や人生観にプラスとなる影響を与えてくれたと実感している(31歳、生活協同組合職員)。

1 北タイにおける山地民カレンの結婚観
●ヒンラートナイ村の事例を通して●

飯嶋　歩美

1　カレンの行動規範・儀礼・結婚

　私は大学2年生の冬に偶然手にした論文をきっかけに、北タイの山地民カレンの暮らし、ジェンダーへ関心をもち、その後に参加したタイ短期FSでカレンの村を訪ねて、さらに関心が強まった。ここではまず、速水洋子氏の「「民族」とジェンダーの民族誌─北タイ・カレンにおける女性の選択─」(『東南アジア研究』35巻4号、京都大学東南アジア研究所、1998年)と『差異とつながりの民族誌──北タイ山地カレン社会の民族とジェンダー』(世界思想社、2009年)をもとに、カレン社会についてみていく。

　カレンは、ビルマの東部からイラワジデルタ一帯、タイ北部・中西部に住む山地民である。北タイでは、焼畑および水田耕作による自給米の生産を中心に生活を営んできた。近年は、深刻な土地不足による自給率の低下、物価の高騰や消費生活の拡大によって、賃金雇用や教育機会を求めてチェンマイなど都市への人口移動が激しい。精霊を信仰し、土地や祖先の霊、自然界の諸霊をめぐる儀礼を実践している。スゴー、ポーなどのサブ・グループがある。

　親族組織は双系的であり、結婚後、夫婦は双方の両親を手伝い、援助を受けるが、新郎から新婦への婚資の支払いはない。スゴー・カレンでは、母方居住の傾向が強く、ムラ内には親と子どもたち(特に娘たち)を中心とする親族のネットワークがはりめぐらされる。一家の最年長の既婚女性はその家および豚や鶏の所有者とされ、家庭菜園も主に女性が管理する。育児に忙しい若い母親の場合、夫が家の仕事をするのは当然とされるが、未婚の男女に関しては圧倒的に家の仕事をするのは娘たちである。

　男性は14～15歳くらいからムラの外に知人のネットワークを発達させ、将来の結婚相手となりうる人々との広範な付き合いを形成し、非カレンとも

第3章
私たちの成果

接触する。女性もまったく移動しないわけではないが、ムラ人の目が届くムラ内では外来の非カレン男性との接触を極力回避する。

　カレンは民族衣装をもち、未婚女性はチェグワ（白い上衣）と呼ばれるくるぶしまでのワンピース、既婚女性はチェス（黒い上衣）と呼ばれる腰までのものと、ニと呼ばれる赤いスカートを身に付ける。結婚適齢期の未婚女性をムグノというが、適齢期を過ぎれば「ムグノロホ」（泣けるムグノ）となり、ムラでは笑い種になる。男性はチェパゴと呼ばれる赤いシャツを着る。幼児期からおとなまで、デザインは変わらない。1980年代末から、若い女性たちがタイ風の巻きスカート、ジーンズやトレーナーを着るようになった。

カレン族の民族衣装。左からチェパゴ（男性）、チェス（既婚女性）、一番右がチェグワ（未婚女性）　　　（2013年、筆者撮影）

　カレンには大きく二つの儀礼が存在する。一つは土地の守護神をめぐる共同体儀礼で、ヒコと呼ばれるリーダーをはじめとする男性によって行われ、女性の参加はタブーである。もう一つはオヘと呼ばれる祖霊儀礼である。これは祖霊のための供犠（豚または鶏）と家族による共食であり、結婚した男女のみが行うことができる。儀礼の執行役は夫だが、オヘは女性の儀礼とされる。そこでは母子、特に母と娘の関係が重視され、多くの子孫に囲まれて盛大なオヘを行う女性は威信を獲得する。オヘを行わない非婚女性、子どもを産まない女性にとって、カレン社会は厳しいと速水は述べている。

　カレンは民族内婚を志向するが、他民族との結婚の例も何件か見られる。大多数の場合本人同士の意志で決められ、一般に夫婦関係が安定しており、離婚は少ない。それは、離婚が公然と批判されるということでもある。夫と死別した女性の再婚は可能だが、再婚した女性は「夫が2人いる」と言われる。男性に関して、このような数え方はしない。

　カレン男性は非カレン（北タイ）女性との結婚を冒険と見なす傾向があり、

一度結婚しても、結局は村へ戻ってカレン女性と結婚する人が多い。一方カレン女性と非カレン（北タイ）男性の結婚は回避するべきものとされ、非難される。ただし、近年は貧困からの脱出などを理由に、増えてきている。北タイ男性は、カレンの嫁は婚資が不要なうえに従順で扱いやすいと好んでいるようだ。

2　ヒンラートナイ村の暮らしと儀礼

　ヒンラートナイ村は、チェンライ県ウィアンパパオ郡の国立公園内にあるスゴー・カレンの村である。2013年12月時点で、人口106人（19世帯）で、若者の村内定住率が高い。少し上の世代の「町に出ても得るものはない」という教訓から、村内でできることがあると考え、年長者から循環型焼畑農業などを学んでいる。タイ文化省からカレン文化復興のモデル村にも選ばれているため、伝統を守ろうという意識が他村より強いのではないかと考えられる。

　彼らは循環型焼畑農業と水田稲作を営む。そして、お茶の栽培、森で採れるタケノコ、蜂蜜、木の実が現金収入である。自然とともに生活することを大切にし、「森を守ることによって森から得るものがある」と考えている。小学校ではタイ人教師がタイ語で教え、カレンにまつわることは村人が教える。ほとんどの家に仏を祀る小さなスペースがあるが、精霊信仰と共存している。ソーラーパネルによる太陽光発電で電気をまかない、学校の近くにはWi-Fi環境が整う。

　親族組織の構成と男女の行動規範は、カレン一般と変わらない。女性が食料の買い出しに町へ出かける際は、必ず男性を同伴する。男性も料理や子どもの世話に積極的で、村内の仕事は老若男女が助け合っている。

　既婚女性のほとんどは、Tシャツに、ニ（民族衣装のスカート）で、年齢が上になるほどチェス（黒い上衣）の着用率が高い。未婚でチェグワ（白いワンピース）を日常的に着る女性はあまり見られず、Tシャツにジーパンが多い。男性は、行事や儀礼などではチェパゴ（赤いシャツ）を着るが、日常ではTシャツとチェパゴを気分で着分けているようだった。

村では共同体儀礼と祖霊儀礼が行われ続けており、精霊信仰が守られていた。まず、私が滞在中に体験した共同体儀礼を紹介する。

　8月中旬、田植え前の儀礼を見学した。ヒコの家に男性たちが集まり、ヒコがその中心で歌い、男性たちは来た順に儀式用の酒を一杯ずつ飲み、歌に参加する。各家では前日に殺した豚がご馳走として用意され、一軒一軒ヒコが巡り、成員の手首に白い糸を巻く。女性は家でヒコが来るのを待つ。

　家単位で行われる農耕儀礼もある。米の収穫後、畑にいる精霊を家まで呼ぶため、道に目印となる花を落としながら家まで帰る儀式は印象的だった。

　次にオへについて述べる。10月下旬、私は世話になっているお礼に、滞在先の村長の家族に豚や鶏を使って日本料理を作った。ところが、「今は肉が食べられない」と言われてしまった。後日に聞いてみると、その時オへが行われていたからだった。村長の母親の具合がすぐれない原因に祖霊が関わっていると考えられて行われたオへの決まりで、関係者が肉と卵を食べられなかったのである。なお、他家に行けばオへ参加者も肉を食べられる。これはオへが家の霊に対する儀礼だからだろう。

　オへは親族の病の原因が祖霊にあると判断された時や、親族一員が遠くへ旅に出る時などに行われる。頻度は家によって、3年ごとや4年ごとなど異なる。行う際は成員全員の参加が必要となる。オへによって、病の治癒、家族の健康や幸せ、親族のつながりの再構築などの効果が期待される。

　共同体儀礼やオへ儀礼で、自分のルーツに対する誇りや、家族・地域の強いつながりが生まれる。ただし、村には仏教徒の女性と結婚した男性も2人おり、オへの重要性は昔よりは少し薄れてきているようである。

3　ヒンラートナイ村の結婚の現状と規範

　村には離婚経験者はおらず、村内の夫婦26組すべてに子どもがいる。女性は10代後半と20代前半の結婚が多く、男性は20代後半と30代前半の結婚が多い（図1）。その理由を村人は、「女性はずっと家で仕事しており、男性は外に出て仕事しているから」と考えている。村外で社会的地位を形成した男性が村で暮らす女性と結婚する形が多いのではないだろうか。女性が

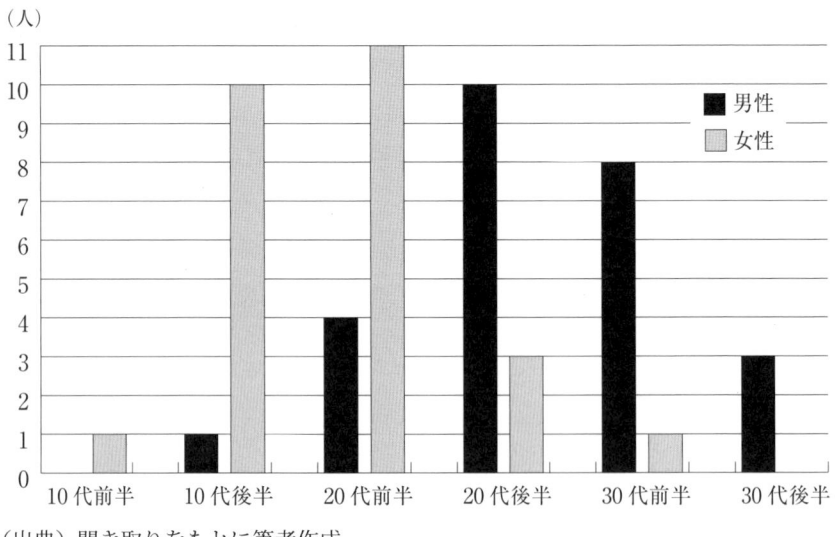

図1　村内既婚者52人の結婚年齢

(出典）聞き取りをもとに筆者作成。

年上の夫婦は1組だけである。平均結婚年齢は男性28.6歳、女性21.0歳だった。

　村には「他民族・北タイ人とは結婚しない」「親戚とは結婚しない」という二つの規則が存在する。前者は、他の村のカレン女性が北タイ男性と結婚後に一方的にふられたことから、予防策として作られたものだ。どんな結婚相手がふさわしいとされるのか、滞在先の20代前半未婚女性に聞いてみた。

　「カレン同士の結婚が普通だと思う。他民族との結婚は、使う言語が違うと意思の疎通が難しいから、あまり良くないと思う。言葉や儀礼、しきたり、習慣は同じほうが良い」

　結婚相手として同民族が好まれる大きな要因は、精霊信仰による特有の儀礼にあると私は考える。儀礼の知識を持たず、言語が異なる人に、その意味や方法を伝えて一緒に行うことは難しい。相手に合わせて儀礼を放棄もできるが、それは自分を形成してきた要素の一つを失うことになる。特に女性は、母親から受け継いだオへを失うから、ダメージは男性より大きい。

　結婚は一般に、長男・長女から順に行う。弟が先に結婚したら、未婚の兄

は結婚式の儀礼の豚や酒を飲食できない。妹が先に結婚した場合も同様であるという。それは、結婚した人から食べるというしきたりと年長者から食べるというしきたりに矛盾が起こるのを避けるためである。また弟・妹は、先に結婚することを精霊に謝罪する儀礼を行わなければならない。こうしたしきたりが未婚の兄・姉へのプレッシャーになっていると推測できる。

カレン社会では、儀礼が行われる際の未婚者と既婚者の役割が決まっている。たとえば、結婚式は既婚男性が中心になって行う。結婚後最初の共食では、未婚の男女が花婿・花嫁に鶏を食べさせる。葬式の時は未婚の男女が伝承歌を歌う。

既婚者は子どもが生まれると、自分の名前ではなく「○○パ」(○○の父)、「○○モ」(○○の母)と呼ばれる。個人から、家族を持つ者としての呼び名に変わるのである。子どもがいるかどうかを呼び名で区別し、村内での立ち位置を決めている。また、女性は未婚と既婚で着用する服が変わる。

未婚の男性が亡くなった場合、「あの世では結婚できますように」という意味をこめて、女性の性器をかたどったものと遺体を一緒に弔う。未婚女性の場合は、遺体に既婚の衣装であるチェスとニを着せて送り出す。これらは暗に、結婚したほうが良いという昔からのカレンの考えを表している。カレン社会においては、結婚することが社会の規範であることがわかった。

こうした結婚観をみるにあたり、カレンの人生観にも触れておかなければならない。カレンの人々は、人間はガジュマルの木を通って生まれてくると考えている。木の精霊がどの夫婦の間にどの子どもが生まれるのかを決め、人生も生まれた時から精霊によって定められていると言う。カレンには、何が起こっても運命なのだと受け入れる考え方が存在するのである。

4　規範を逸脱した未婚男性と未婚女性

ヒンラートナイ村には60歳以上の未婚男性と女性がいる。私は彼らが村の中でどのような存在であるのか注目してみた。なお、30歳以上の未婚者は男性7名、女性1名である。

① 68歳の未婚女性

　村内で唯一ひとり暮らし。8人きょうだいの4番目で、他の7人はみんな結婚している。彼女の妹の娘（25歳）に話を聞いた。この未婚女性は現在、この妹一家の近くに住んでいる。
　彼女は両親が亡くなってから妹一家と同居していたが、2001年からひとり暮らしになった。理由は、神経が普通の状態ではなく怒りっぽいから。他の人を怒ったり罵ったりするので、一緒に住めなくなったという。彼女が現在住んでいる家は妹の夫が建ててあげた。
　結婚しなかったのは、神経が普通の状態ではないためである。若いころから怒りっぽく、男性から言い寄られたこともあったが、その男性を罵ったそうである。村人は、彼女が怒りっぽいのは病気のせいだとみている。ある村人は、小さいころにてんかんのような症状があったため、両親が結婚させなかったのだと言った。現在は薬を飲んでいるので、落ち着いている。
　私は彼女がふらりと現れて食べ物を持って出ていく姿や、ひとりで調理して妹の家で食べている姿を、何度か目にした。家族は声をかけるでもなく、彼女の存在を気にとめていないような感じだった。結婚していないから、オヘはできない。両親は亡くなっているので、親のオヘに参加することもない。オヘによって夫婦・親子・家族の絆が強まるが、彼女はそれも期待できない。
　また、両親が亡くなると子どもたちは畑や水田を相続するが、彼女はもらえなかった。田畑はひとりでは管理できないし、男性が行わなければならない農耕儀礼があるからだ。ふだん食べる米や野菜は、きょうだいが少しずつ分けている。茶畑は持っているが、年を取った今は妹夫婦が管理している。彼女が若い時は周囲も気を配る余裕があり、一緒に畑仕事ができた。しかし、きょうだいたちも結婚後は余裕がなくなり、彼女自身も身体が衰えて、畑仕事ができなくなったという。
　未婚の男女には葬式で歌を歌う役割がある。彼女は歌をよく知っている年長者として、他村からわざわざ呼ばれたこともあったという。だが、現在は身体の衰えで、この役割も失いはじめている。病気のせいで村人から距離を置かれている彼女の心境は、どのようなものだろうか。

② 71歳の未婚男性

甥の家族と一緒に住み、自分の畑を持って、甥一家と一緒に農作業している。ある村人は「性格がいいから、みんな彼のことが好きだ」と話してくれた。実際、筆者が会いに行った時、子どもたちに囲まれて竹の剣を作ってあげていた。では、なぜ結婚していないのか。20代の既婚女性に聞いてみた。

「女性が彼を好きになっても、彼は好きにならなかった。ひとりを楽しんでいるのよ」

彼は若い時に森でクマに出会ったことがある。銃で撃ったが、クマは死なずに襲ってきて、顔と両手を爪でやられた。でも、痛がらずに死んだふりをして息を止めていると、死んだと思ったクマは去って行き、彼は生き延びたという。本人に聞くと、クマにやられたという手の傷跡を見せてくれた。このエピソードを話した女性は、笑顔で「生き延びたのは本当にすごいこと」と言った。そこから、彼がある種の尊敬を集めていることがわかる。

カレンの社会では、男性は村外に出ていくことで社会的地位を形成するが、女性は結婚して子どもを産み育てていく中で社会的地位を形成する。したがって、病気のことを除いても68歳の女性のほうが彼よりも立場が弱い。2人ともオヘを行うことはできないが、そのダメージは女性のほうが大きい。この男性は、自分の意思で社会の規範を逸脱したと言えるからだ。

③ホワイメードゥアン村の未婚女性

私がホワイメードゥアン村(ヒンラートナイ村の近くにあるスゴー・カレンの村)での稲の脱穀作業に参加した際、チェグワを着て稲運びをしている老齢女性がいたので、彼女について後日聞いた。

彼女は現在おそらく60歳を超えている。若い時に言い寄ってくる男性はいたものの、結婚したくなかったという。現在は親戚と同居し、他の村人と一緒に農作業をしている。優しく、話をたくさん聞かせてくれるので、子どもや村人から慕われているという。

彼女は社会のプレッシャーや規範から自分の意思で逸脱したようである。現在は農作業に参加でき、村内での役割を持ち続けているが、これからどのような人生を重ねるかは興味深い。

5 現在の村人の結婚観

私は現在の村人の結婚観を知るために、14歳から77歳までの村人79人にアンケートも行った。

● 結婚適齢期

まず、結婚は何歳くらいが一般的と考えるか(結婚適齢)を尋ね、結果を表1に示した。半数以上が、男性は25〜35歳、女性は20〜28歳と答えている。女性に関しては、「30歳を過ぎたらもうサプガ(年長者の意)だ」という話を村人から何度か聞いた。30歳を過ぎたら年を取りすぎていて結婚するにはふさわしくない、という意味である。これは、カレンが農作業中心の体力重視社会であることも要因として考えられる。

既婚者の実際の平均結婚年齢は、男性28.6歳、女性21.0歳である。表1を見ると、男性はそれほど差がないが、女性は3.6歳も早い。既婚女性で一番早い人は13歳、一番遅い人で31歳だ(既婚男性は19歳と39歳)。

世代間の差はそれほど見られなかった。ただし、40代だけ結婚適齢期が早い。これは15歳から適齢期と答えた男性がいたからである。

表1 村人が考える平均結婚適齢
(2013年11月)

回答者	男性の平均結婚適齢(歳)	女性の平均結婚適齢(歳)
全員	29.6	24.6
男性	30.1	24.5
女性	29.0	24.7
10代	28.6	25.4
20代	29.7	25.2
30代	30.9	25.4
40代	27.5	22.5
50代	30.3	24.8
60代以上	29.7	24.2

(注) 前述の未婚者2人と不在の4人を除く。また2人は未回答(筆者作成)。

● 結婚願望と結婚しないという選択肢

いつ結婚したいか、未婚の29人(男性15人、女性14人)に答えてもらった。女性のほうが早くから、理想の結婚を描いているようだ。「勉強や仕事をして、一人前になってから結婚したい」「経済的に自立してから結婚したい」という意見が多かった。

1人だけ「結婚しないと思う」と答えた未婚女性がいた。彼女は、「まわりが、なぜ結婚しないの?と言う。この言葉はもう聞きたくない」と話し

た。彼女は男性に劣らず仕事がよくでき、自分の考えをしっかり持ち、村内でそれなりに発言権がある。それが「結婚しないと思う」という理由だろう。

一番年上の未婚男性は、「昔は結婚したかったけれど、準備ができず、まだ結婚しないほうが良いと思った」と答えた。また、上から4番目の未婚男性は、「結婚したくない」とはっきり回答した。「今がとても楽しいし、世界に人はたくさんいるのだから、自分は結婚しなくてもいいと思う」と話した。独特の価値観である。

また、同じ29人に「結婚しないという選択肢があるか」と尋ねると、ほとんどが「ある」と答えた。「わからない」もあったが、「ない」はゼロだ。

男性で多かったのは、「甥や姪などと一緒にいるから大丈夫」という回答である。「恋人がいないし、恋人を作るのは大変だから」や、「もし結婚しなかったら僧になる」という回答もあった。後者は、僧になれば寺に入るから家族の負担が減るという考えからきているようである。

女性で多いのは、「ひとりでも仕事はできる」「勉強をたくさんすれば、仕事ができるようになって、ひとりでも大丈夫だと思う」など、自立的な考えである。なかには、「自分はひとりでいるのは難しいと思う。結婚したいし、結婚するべき」「結婚しないという選択肢はあるけれど、少しだけ。結婚したほうが老後を世話してくれる人ができるからいい」という答えもあった。

● 結婚観

結婚しないことについてどう思うか全員に聞いたところ、「結婚してもしなくてもいいと思う」という回答がとても多かった。そのなかには、「してもしなくてもご飯は食べられるから大丈夫」「したかったらすればいいし、したくないのであればしなくていい」という意見も含まれる。ただし、40代以上の既婚者の多くは「結婚したほうが良い」と答えた。

また「結婚したほうが良い人もいるし、しないほうが良い人もいる」と答えた男性が1人いた。これは、たとえば障がいを持っている人は相手の負担になるのでやめたほうが良いということだ。農耕で生計を立て、体力が重視されるカレン社会における現実的な考え方だが、何らかのハンディを持つ人にとっては厳しい社会である。

「職業しだい」と答えた男性もいた。彼は村内で唯一、NGOのスタッフとして都市で働き、賃金を得ている。「村内では家族が大切だから結婚したほうが良いが、都市に出るのであればひとりでも大丈夫だ」と話した。この答えは彼だけであり、村外で働き、生活しているからこその意見である。
　何人かは「男性は結婚しなくても大丈夫だけれど、女性は結婚したほうが良い」と答えたので、理由を聞いた。すると「子どもを持ったほうが良いから」「女性はひとりでは仕事ができないから」「男性より、ひとりでいることが難しいから」という回答だった。これもカレン社会ならではの回答で、女性に結婚を促すような社会規範が強いといえるだろう。
　結婚することの利点で一番多かった回答は、「年を取ったら子どもが世話してくれる」である。「自分の家や子ども、伴侶を持てる」「子どもが田畑の世話をしてくれる」「子どもに文化やしきたりを伝承できる」という回答もあった。「森を次の世代に受け継ぐことで守り続けられる」という回答は、森を利用して暮らすカレンならではである。
　結婚しないことの利点で一番多かった回答は、「未婚のほうが身軽で自由」である。「自分の子どもがいなくても親戚が世話してくれるから大丈夫」「未婚であれば、儀式用の豚や鶏を飼う必要がないため、世話をしなくてすむ」「教育費を出さずにすむので、自分のためにお金を使える」という現実的な回答もあった。また、「世界に人はすでにたくさんいるのだから、結婚しなくてもいい」と答えた村人も3人いた。
　これらのアンケート結果から、結婚観というのは、儀礼やしきたりなどの文化による制限だけでなく、農耕で生計を立てるという社会構造から生み出される制限もあることがわかった。それは、ヒンラートナイ村のコミュニティがカレンの伝統に従ったものだからこそ存在する制限といえるだろう。
　同時に、こうした制限があるにもかかわらず、多くの村人たちが結婚しない選択肢を「ある」と考え、「結婚しなくてもいい」と答えた。これはなぜだろうか。年長者と若者の結婚観をみることで考察したい。
　40代以上の多くの村人の回答から、昔は「結婚したほうが良い」という考えが根強かったことがわかる。一方で、「何が起こっても、木の精霊が決めた運命なのだ」という人生観から、「結婚しないのも、その人の運命であ

る」というように、結婚しないことに理解がないわけではない。40代以上で「結婚しなくてもいい」と答えた村人は、この人生観をもとにしたのだろう。

では、若者たちが「結婚してもしなくてもいいと思う」と答えた理由は何か。筆者は、カレンの人生観よりも、4で述べた未婚男性やホワイメードゥアン村の未婚女性の存在が大きいのではないかと考える。村内やすぐ近くの村に、稀な存在ではあるが、未婚でもそれなりに家族や社会の輪に参加して生活できている前例があるからではないだろうか。未婚者が結婚しない選択肢もある、と回答した理由も同様ではないかと私は考える。この二人が規範を逸脱した生き方を提示し、結婚につての選択肢を広げたのではないだろうか。

時代が変わるなかで、伝統に守られたコミュニティでも人々の考えは少しずつ変化している。それに伴って彼らの生き方にも多様性が生まれ、その多様性が新たな考え方を生み出しているのではないだろうか。

ただし、出稼ぎ者が増えてコミュニティが崩壊しかけている村や、精霊信仰以外の宗教の流入で儀礼を放棄している人が多い村では、結婚に関する規範も異なり、結婚観もずいぶん変わるだろう。

飯嶋 歩美(いいじま あゆみ)　1993年生まれ、旅行会社。〈2013年度参加〉
うまくいってなかった学生生活を変えたい、自分から何らかのプログラムに挑戦しようと思って、長期FSに参加。カレン民族が暮らす小さな山村で生活を共にしたことで、海外に関わる仕事がしたいと考え、旅行会社への就職を決めた。

2 歴史的環境の保存と地域社会
●ワット・ゲート地区の町並み保存活動を通して●

蓮見　朱加

はじめに

　私の住む横浜は、2009年に開港150周年を迎える。明治や大正に造られた歴史的建造物が街の景観になるとともに、都市のイメージを創り出している。古いものを守り伝える魅力は、現在と過去と未来をつなぐ空間が生み出されることにある。古い建物が持つ空間は私たちの想像力を高め、街を大切にしたいという思いを抱かせる。住みよい街とは、愛着を自然に持つことができ、街を大切にしたいと思える心が育つ空間ではないか。

　チェンマイは約700年の歴史を持ち、寺院が多い。私がお世話になった体験学習先であるワット・ゲートも、古いお寺のひとつである。住民はこの寺院を中心にまとまり、町並み保存運動へつなげ、住みよい地域とは何かを考えている。古い町並みを守ることは地域社会に何を与えるのか。ワット・ゲート地区にはどんな特徴があり、それらの歴史的環境を守ることができているのか。このレポートでは、歴史的環境の保存と地域社会の形成について考察していきたい。

1　歴史的環境とは何か

　片桐新自は『歴史的環境へのアプローチ』(新曜社、2000年)で、歴史的環境を「特に長期間にわたって残ることによって、一定の価値をもつとみなされるようになったもの」と説明している。そうした空間として歴史的環境を捉えると、構成するものは二つに分けられる。

　一つは目に見える有形のもので、歴史的資産、歴史的遺産、文化遺産などとして表すことができる。これらは、歴史的背景を持つ物理的なものに特定の集団が文化的価値を認識したことによって生まれる概念である。それらが

集まっておりなす景色を、歴史的景観や歴史的町並みと呼ぶ。もう一つは無形のものである。私たちの歴史は目に見えるものだけで構成されているわけではない。たとえば民族舞踊や祭り、言い伝え、社会的慣習など、身体を媒体として伝えられていく歴史的環境もある。また、歴史的遺産が集中して存在することでつくりだされている一定の場とも定義できる。

　ここで見過ごせないのは、「歴史的環境の価値を高めるものは歴史の長さだけではない」(片桐)ことである。片桐は「その対象に対して人々がどれだけの思いを抱くことができるのかも重要な要素である」と言う。人々がどれだけ想像力を喚起させられ、過去の人々の経験とつながることができるのかを考えれば、人類の歴史から見て日が浅くても、個人の歴史的想像力を高めるものであれば、歴史的環境と言える。

　これらをまとめると、歴史的環境は以下のように定義できる。

　「個人の歴史的想像力を高め、過去の人々の経験とつながれるものが集まる一定の場。有形・無形にはこだわらない」

2　ワット・ゲート地区の歴史

●ピン川の交易によって栄えた地域

　1921年にチェンマイに鉄道ができるまでは、ピン川にバンコクからの物資が届き、外国の商人たちも訪れていた。彼らは自国からさまざまなモノや宗教を持ち込み、今日もその多様性が歴史的環境の魅力になっている。

　ワット・ゲートはピン川の東に位置する約600年前に建てられたお寺で、周囲に広がる地域をワット・ゲート地区と呼ぶ。そこには4つの宗教の寺院が存在している。ワットとはタイ語で寺院を意味する。なぜ、仏教のお寺の名前で地区を表すのか疑問に思い、他の宗教の人に尋ねたところ、「ワット・ゲートは昔からあって、みんなワット・ゲート地区と呼んでいる。他に呼び方はない」と言われた。2007年現在、5600人、1400世帯が住む。

　ワット・ゲート地区の歴史的環境は、チャオプラヤー川の四大支流の一つであるピン川の交易史とともにある。ワット・ゲート前の一帯は「バーン・ター(港の地域)」と呼ばれ、バンコクやビルマ方面から来る荷物船であふれ、

川岸には商品を扱う中国人の商館やチーク材を輸出するイギリスの木材会社が軒を連ねていたという。ピン川の交易の最盛期は、1884〜1921年と言われる。国王ラーマ5世が交通整備と地方統治を兼ねて鉄道を開通させると、船による交易はしだいに行われなくなる。経済の中心は鉄道駅近くへ移り、商館は倉庫として使われる程度になった。

　ワット・ゲート地区は市内中心にある城壁の中に住めなかった、外から来た人々が住む場所であり、今はその子孫が暮らしている。その多くは、商売に来た男性と地元の女性の結婚によって生まれた人々である。異なる文化が交易によって出合い、融合されている。そこでは、仏教・イスラム教・キリスト教・シーク教が共存している。

● 4つの宗教

　もっとも古い宗教は仏教である。ワット・ゲート地区の仏教徒の祖先の多くは、中国からやってきた。それは、中国の墓や装飾品が多く残っていることからもうかがえる。チェンマイで最初に中国人ネットワークが生まれたところでもある。彼らは、チャオプラヤー川を伝って船で来たグループと、汽車で主にバンコクから来たグループに分けられる。ワット・ゲート地区には前者の子孫が多く住み、後者はピン川をはさんで西の市場で商売し、中国寺院を建てて住んでいる。

　私がお世話になったヌイさんは中国系を祖先に持つ仏教徒で、町並み保存のリーダーでもある。祖父は約100年前に中国から来た漢方医だ。

　イスラム教徒は、ワット・ゲート横の木のトンネルを抜けたところのモスクを中心とする一帯に住んでいる（443人、98世帯）。彼らの多くは中国出身で、チンホーと呼ばれ、雲南省からロバに乗って荷物を運んできた人々を指すそうだ。イスラム教徒は、インド・パキスタン・バングラデシュを出身地とするインド系と、雲南系に分けられる。インド系は古くからワット・ゲート地区周辺に住み、牛乳を売ったり門番などをして暮らしていた。雲南系はピン川の交易が盛んになってから親戚などを頼って来た。

　モスクは1967年に建設され、毎年12月にムスリムの祭りが開催される。チェンマイ市内にある40〜50軒のイスラムレストランが集まり、ヤギのカ

レーや赤のロッティ（クレープ）がふるまわれる。自分たちの文化を他の宗教の人々にも知ってもらおうと、1992年から企画されたという。地区のムスリムのリーダーに魅力を尋ねると、「4つの宗教徒がバラバラになることなく、連絡を取り合い、協力しあっているところ」と答えた。

キリスト教は、1867年にプロテスタントの宣教師によって伝えられた。彼は布教とともに西洋医学や学校教育制度を紹介したので、ワット・ゲート地区の近くには、チェンマイ初のミッション系学校や病院がある。また、「昔の偉い政治家はワット・ゲート地区出身が多い」と地域の博物館長が言った。それは、交易で成功した商人が子どもをミッション系学校に入れ、高い教育を受けさせたからだという。現在5つの教会があり、チェンマイで働くアカ族やラフ族などの山地民も礼拝にやってくる。

シーク教は16世紀にインドで始められた宗教で、偶像崇拝とカースト制度を否定する。ピン川の交易でやってきたインド人商人から伝えられた。主流のカールサー派はターバンを巻き、髭をはやしている。タイではインド人を「ケーク」と呼ぶ。ケークには、インドを含む南アジア諸国、アラブ諸国の人々などの意味と、「客」という意味がある。タイ在住のインド人の大半は、南インド出身のシーク教徒である。高利貸しや繊維・縫製業を営み、ワルロット市場にはインド人の仕立屋や布を売る店が多い。

ワット・ゲートのすぐ隣にあるシーク教の寺院は、約30年前に建てられた。その前は木造の寺院があったが、古くなったので建て替えたと教えてくれた。寺院の扉は、毎週土曜日と各月最後の日曜日のみ開かれる。現在ワット・ゲート地区に住むシーク教徒は1軒だけで、地域外から信者が訪れる。

3　ワット・ゲート地区における歴史的環境保存の歴史

ワット・ゲート地区のジャルンラート通りには、ピン川の交易によって栄えた時代の建物が多く残っている。約100年前に建てられた中国人の商館や民家、イギリスの木材会社が所有していた建築物などである。観光名所として活用されている代表的なものだけで11軒存在する。これらはすべて、住民が祖先から受け継いできたもので、保存や修復も持ち主一族が行ってき

た。町並み保存には以下の4段階があり、住民は歴史的環境を意識するようになっていく。

①歴史的建造物の商業施設としての活用（1989年）
「ギャラリー」は、ピン川沿いにある歴史的建造物を活用したレストランで、1892年に建てられた中国の商館を改装して営業している。経営者は建物の持ち主であるスラチャイさんで、中国から来た祖父の時代に、コットンやシルクを商う商館として建築された。100年前のピン川の交易と中国人商人の繁栄の歴史をうかがえる重要な建築物である。チェンマイに伝わるランナースタイルと中国様式の建築が混合され、ピン川とジャルンラート通りに面した2つの入口を持ち、豪華なレリーフがある。

「ギャラリー」の外観（2007年、筆者撮影）

一時は老朽化していたが、1989年にイギリス留学から戻ったスラチャイさんが「祖先から受け継いできたものを残したい」という思いで修理し、レストランとしてオープンした。タイ建築学会賞など、8つの賞を受賞している。

その成功は他の古い建築物のオーナーたちに刺激を与えた。ジャルンラート通りにはホテル、レストラン、バー、雑貨店などが生まれ、観光地としてのイメージがつくられていく。古い建物は維持・修復に費用がかかり、政府から支援金がなければ自己資金をつぎこむしかない。オーナーは、賃貸物件として貸すことによって、祖先からの建物を守り、保存費用をまかなえる。

②ワット・ゲート図書室の修復（1999年）
ワット・ゲートは1428年に建立された仏教寺院である。1607年に修復された本堂、仏典を納める建物や僧坊、図書室、博物館などが残っている。図書室は約100年前に中国人によって建てられた。中国人職人による絵が

描かれ、中国人の繁栄がうかがえる。1999年に屋根が壊れ、仏教徒が集まって、修復か新築かの議論となった。当時タイ観光庁は、ワット・ゲート地区での文化ツアーを考えていたという。結局、外部からの「歴史的価値のある建物だから保存したほうがいい」という判断で修復が決まった。

　この修復は、自分たちの文化が外部に認められ、その価値を再認識するきっかけとなり、ワット・ゲート博物館の建設につながる。

③ワット・ゲート博物館の開設(2001年)
　2001年にジャリン・ベンさん(ワット・ゲート地区生まれ、通称ジャックおじさん)が中心となって開設した。約100年前の建物で取り壊そうとしたが、住民の一部が反対し、博物館となった。収蔵品は当初、ジャックおじさんの所有物や古いお寺の飾りなどだったが、しだいに住民が昔から使ってきたものや祖先のものを寄付していった。シャン族の衣装を寄付した住民は、「ここに置けば、子どもたちや外から来る人に祖先のことを伝えられる」と話していた。

　来館者の中心はワット・ゲートを訪れる西洋人である。境内にある小学校の子どもも学びの場として利用している。ボランティアをする住民は、「この博物館によって歴史を知りたいと思う心、地域を愛する心が生まれてくれればいい」と語った。実際、ワット・ゲートやチェンマイの歴史を知る入口になっている。仏教徒によるこの博物館の建設は、他の宗教徒が自分たちの価値あるものについて考えはじめるきっかけとなった。

④行政からの政策介入(2005年)
　2005年にチェンマイ県土木開発局がワット・ゲート地区の開発計画を始めようとした。ジャルンラート通りの車道を広げ、ピン川の岸辺を整備してコンクリート護岸にするという。1年に2〜3回起こる洪水対策に堤防を造ろうという案も出てきた。

　住民たちは「年に2〜3回の洪水のために、365日コンクリートの壁を見ていたくない。昔からのピン川の景観を残したい」と計画に反対。チェンマイ県が計画推進資金を他の公園整備に流用しこともあり、この開発計画は保

留となった。これがきっかけで、ばらばらに活動してきた4つの宗教の信者たちが、地域の共通の問題を地域全体で考えるようになった。

4 チェンマイ県都市計画と町並み保存活動

●ワット・ゲート地区の都市計画

　チェンマイ県は1982～86年の第五次国家社会経済開発計画で北タイの重要拠点に指定され、経済開発の中心、観光都市としての成長を期待された。1984年には都市計画法が施行され、89年に第一次チェンマイ都市総合計画が策定される。都市計画は5年ごとに見直し、2年延長できる。

　ワット・ゲート地区は第二次総合計画で、開発を促進する高密度人口・商業地域に指定された。人口の増加が予想されるほか、ピン川地域が昔から商業地域であったからだという。

　しかし、ワット・ゲート地区の住民はこの地域指定の見直しを求めて、4つの宗教グループが集まって活動している。チェンマイ県の人口調査と住民による人口調査では、20年後の人口予想が大きく異なる。住民は「県はワット・ゲート地区に通う学生の数まで人口調査に入れている。ワット・ゲート地区は年配者ばかりなので、将来の人口は減るのではないか」と考えている。商業地域指定については、町並み保存のリーダーが強く語った。

　「住民は地域開発を拒否しているわけではない。商売も宗教も文化も含めて、今ある自分たちらしさを守りたいだけ。地域をどうしたいのかは自分たちで考えていく」

　これに対してチェンマイ県側は「地域指定を変えることは難しいので、土地利用を規制する市の条例をつくってはどうか」と提案している。ワット・ゲート地区の町並みを守るためには、2つの方法がある。①県の都市計画で文化保存地域もしくは地区に合う新しい区域にする方法、②市の条例で建物の規制を図る方法である。①は内閣や国会の承認など制度変更に時間がかかり、建築物などの細かい規制はできない。②は地域指定の変更はできないものの、地区の特性を活かしたスポット的手法をとることができ、市議会で決定できる。

都市計画を担当するチェンマイ県土木計画事務所の職員は、こう述べた。
　「市の条例のほうが通りやすいのではないか。住民がなぜ地域指定にこだわるのかわからない。ワット・ゲート地区の文化はチェンマイの歴史から見ても特色があり、守るべきだと思う。所長もそう考えている。都市計画は将来のチェンマイ県の全体像を決める計画であり、1地域に焦点を当てることは難しい。市が行う地区計画で保存すべき範囲を決めたほうがいい」
　チェンマイ県土木計画事務所は、県と住民が話し合うように要請している。これは、タイ政府が住民運動の高まりを意識しているからではないだろうか。

● 住民グループの要望
　なぜ、住民たちは地域指定の変更にこだわっているのか。それは、住民のことを考えないタイ政府に対する長年の不満にあると言える。町並み保存のリーダーのひとりの女性が言う。
　「以前チェンマイ駅付近の使われていない敷地を公共の場にしたいと提案し、予算がおりたが、お金は市に入り、住民が望む計画ではなくなった」
　すでに述べた公園整備への流用やコンクリートの堤防設置計画など住民の要望と県の政策にはずれがあり、その長年の不満が住民たちをまとまらせている。彼女は「国の考え方が変わらないと市の考え方も変わらない。市に伝えるだけでなく、社会全体に行政の政策の見直しを伝えることが大切だ」と語った。住民側には「市長は4年で交代するので、条例で規制するだけでは、簡単に規制前に戻ってしまうのではないか」という不安もある。
　では住民たちは、ワット・ゲート地区が商業地域に指定されたことで、どのような被害を受けているのだろうか。
　第一に、夜中まで営業するピン川沿いのレストランやバーの騒音である。また、駐車場がないので、狭い道路に駐車して交通渋滞の原因となっている。
　第二に、町のシンボルである4つの宗教施設より高い建物が建つことで、それらの神聖性が損なわれる恐れがある。2つの高層マンション（住民の多くは日本人長期滞在者）も町並みを破壊している。イスラム地域の飲食店経営

者は、「建設に反対したが、住民がまとまる前だったので、簡単に建ってしまった。どんな人が住んでいるかわからないし、店に食事に来てくれるわけでもない」と言っていた。

　第三に、イスラム教は飲酒を禁じているのでモスクの近くでは酒は売られていないが、商業地域のままでは、酒を売る店ができてしまう場合がある。

　商業地域であることは、ワット・ゲート地区がもつ特徴を壊してしまう危険があるのだ。そのため、4つの宗教の信者が集まり、13項目の要望をチェンマイ県に提出した（以下では7項目のみ紹介）。

　①古い町並み付近の高密度人口・商業地域の指定解除。
　②ワット・ゲート地区に合った特別な都市計画の指定。
　③住民の代表や関係組織、地域の学者や教育機関の代表が集まる場の設置。
　④災害時の避難や町の緑化ゾーン用の公共の場の設置。
　⑤建物の高さを9m以内に制限。
　⑥娯楽施設を許可しない。不適切なサービス業が宗教の大切な建物や、教育施設、遺跡の近くに造られないようにする。
　⑦都市計画の情報を知らせ、住民の意見を聞く。

● 住民たちの活動

　ワット・ゲート地区住民の活動は、①地区住民を対象にした活動と②地区の情報を外へ発信する活動に分けられる。

　①は、地区内の情報交換、お寺などの共通の文化遺産の修復費用や地区の課題の広報費用の徴収で、宗教ごとに集まる日などに行う。また、都市開発に関するNGOや都市計画研究者との勉強会、教会などでの住民同士の話し合いや意見をまとめる会議が開かれている。②は、ワット・ゲート地区の活動を外部に知ってもらうためにTシャツやパンフレット、住民自身で地区の歴史をまとめた本などを作成する。費用はドイツのNGOなどから助成を受けている。そのほか、行政の都市計画に異議をとなえる地域とのつながりも重視している。

　こうした活動は4宗教のリーダーと、仏教徒である町並み保存コーディネーターのヌイさんによって、まとめられている。ヌイさんは、ワット・

ゲート地区の住民であり、都市開発研究財団の資本家が大きな建物を建てようとしたときや、古い建物の持ち主が外部の人に土地を売ろうとしたときなどに、住民で話し合い、意見を集約してきた。

まとめ

　ワット・ゲート地区には、城壁に守られなかった外部者がつくりあげた歴史や文化がある。それは、外部の評価によって住民に認識され、博物館の建設など文化を守る活動につながった。歴史的環境は、古く美しい伝統だけではなく、自分らしく生きる権利につながる。町並みの保存は、自分たちがどう存在し、将来どんな環境を伝えていくのか、自分らしく生きる権利を守ることにつながる。

　ワット・ゲート地区の歴史は、外部の影響で変化してきた。しかし、変化に流されるだけではなく、文化を通して自分たちらしさを守るとき、新たな力が生まれる。その力が社会を変えていくことを、ワット・ゲート地区の活動を通して学ぶことができた。

　ワット・ゲート地区の活動は始まったばかりだ。たとえば、古くから住む人と新しく来た人のビジネスの利害関係の整理、守るべき土地や文化の範囲を外部にわかりやすく伝えるなど、住民たちの課題がある。とはいえ、ワット・ゲート地区が文化保存地区になれば、さまざまな宗教の文化がタイにとって重要であると認められる。その意味でも、ワット・ゲート地区の活動は、タイが文化の多様性を認め、共生に向かう大きな一歩につながるだろう。

蓮見 朱加（はすみ あやか）　1985年生まれ、神奈川新聞文化部記者〈2007年度参加〉
卒業後、長期FSでの研究テーマをより深めるために法政大学大学院に進学。新聞記者を選んだ理由は、自分の足で情報を集めて、多くの人に出会えるフィールドワークの延長のような職業であり、平和や人権の学びを活かしたかったから。長期FSで、多様な人に出会う経験をしたので、初対面の人への取材でも怖がらず、文化や人種の違いをプラスの方向に捉えられる。

3　山地民の文化・伝統の維持とその意義
●ミラー財団の活動を通して●

伊能　さくら

1　タイ山地民の概要

　私は長期 FS に参加した当初、ストリートチルドレンの生まれる社会的背景やその親子関係に関心があった。チェンマイで 2 カ月間タイ語やタイ文化を学ぶうちに、ストリートチルドレンのほとんどが山地民[1]の子どもであることを知った。なぜ、人口比率の少ない山地民の子どもがストリートにいるのだろう。

　体験学習先を選ぶとき、山地民に対するさまざまな活動をしているミラー財団(英語名は The Mirror Art Group)という NGO を先生に勧められた。体験学習中、ミラー財団から最も近いリーパー村から来るアカ族のボランティアの男の子と仲良くなった。彼は携帯電話を持ち、普段はタイ語を話す。しかし、私が民族について質問すると、「僕はタイ人だが、アカでもある。アカの文化・伝統を引き継いでいきたい」と答えた。

　以前、タイで受講した授業で、パガヨー[2]の先生から「山地民たちは政府の同化政策によって自由を奪われ、平地に住むタイ人から差別され、多くは自文化を恥じ嫌うようになっている」と聞いたが、彼の言葉には、自文化を恥じ嫌っているような様子は、まったく感じられない。むしろ、「アカ」という民族とその文化に誇りを持っているように感じた。彼は、なぜそんなにもプライドを持っているのだろうか。

　山地民という言葉は、中国やチベットから移住し、現在北部タイやラオス、ビルマの山岳国境地帯で暮らす民族の総称である。民族ごとに異なる文化を持ち、多くは山に依存した自給自足の生活を送っている。山の斜面に火を放つ焼畑式農法を行い、その土地が枯渇すると移動する。10〜15 年空けて元の土地へ戻る場合もあるが、戻らないことが多い。

　彼らの移動に国家や国境という概念はない。多くは、森羅万象のすべてに

精霊が存在すると考えるアニミズムを信仰し、自然に根ざしたさまざまな儀式を行う。ほとんどは文字を持たず、生活に必要な知識や知恵は儀式を通じて伝えられ、民族の哲学は民族衣装の模様（刺繍）に織り込まれる。

しかし、この半世紀で山地民の生活様式が急激に変化した。近代化の波にさらされていると同時に、タイ政府の一方的な政策によって生活が左右されている。

2　山地民の同化政策[3]

タイ政府が彼らに関心を持つようになったのは1950年代である。中国やラオスなどから共産主義の脅威がしのびよったこと、共産主義国の不安定さから大量の移民が流入したこと、アヘンの供給で国際的批判をあびたこと、焼畑式農業による森林破壊への懸念などが、その理由として挙げられる。山地民に対する政策は、山地民のためではなく、諸外国に対するイメージアップや近代国家形成という政治的目的を持って進められた。

1951年に山地民に対する対策委員会が発足し、53年に国境警備警察が山岳地帯に配置される。1958年にはケシの吸引と売買、59年には栽培が違法となり、内務省公共福祉局が発足した。同局は①森林保護、②アヘン撲滅、③国家安全（共産化防止）、④生活水準の向上を課題とし、以下の政策を進めていく。

①タイ国民として自覚させるための国籍の付与
②定住させるための土地と住居の提供
③タイ人と意思疎通するための初等教育システムの導入
④宗教面の同化を図るための仏教の布教促進
⑤安定した現金収入をもたらすための換金作物の栽培促進
⑥アヘン常用者のための保健・医療の提供

---

1)「山岳民族」という呼び方には差別的な要素が含まれていると批判されており、最近では多くの学者が「山地民」という呼び方を使用している。
2）英語名でKaren（カレン）。カレン族は自民族をパガヨーと呼ぶ。
3）タイでは「山地民開発政策」と呼ばれている。

こうして焼畑農業が禁じられ、山地民は強制移住を強いられた。また、貨幣経済の浸透などによってタイ社会への文化的・経済的統合を余儀なくされた。しかし、環境の激変に耐えられる支援は受けられていない。国民証(IDカード)[4]が得られず、市民権のない生活を送っている。

3 ミラー財団の活動と意義

　チェンライ県の中西部に位するマエヤオ地区(人口2万1300人のうち80％が山地民、90％が農民)のミラー財団は、文化・伝統の維持、生活の向上、低地に住む人々との共存が大きな目的である。1998年に設立され、タイ人スタッフ15人、アメリカ人スタッフ1人、ボランティア20人、インターン6人(日本人大学生を含む)で構成されている(2003年1月、論文執筆当時)。地区内にある45の村すべてで活動し、最も力を入れているのは多くの問題を抱えるアカ族とラフ族のジャレーン村である。
　以下、主なプロジェクトと支援団体を紹介する。

　① Bangkok TV Project――The Word Bank, The Global Foundation からの支援
　スタッフにサポートされた山地民の若者が、自ら考えたプログラムで、文化・伝統やドラッグなどの問題を撮影し、地元メディアで放映する。その結果、若者が民族固有の文化・伝統の素晴らしさを見出すとともに、正しい情報を発信する。放送は夜7時半から8時まで日曜日を除く毎日。私のインターン中は、村人が考える自給自足型農業、アカ族の料理、国民証(IDカード)取得の方法などが紹介されていた。

　② The Agriculture Project――International Youth Forum, The Word Bank からの支援
　約1haの敷地内で村人とともに有機農業、伝統農業を試し、持続可能な農法のモデルをつくり、村で適用する(自給用の作物と家畜)。また、世界銀行から資金を借りて換金用にバナナの栽培や豚の飼育を行い、利益の一部は他の村人の農業プロジェクトに使う。

③ Anti-Drug Community Network──New Zealand Embassy, Board Canada Fund Thailand Narcotics Control, United States Peace Corp からの支援

マスメディアを通じた麻薬問題の啓蒙や麻薬中毒者のリハビリテーション。後者は家族を含めたカウンセリングや職業訓練を経て、ミラー財団でも働く。警察や軍隊が協力するドラッグ治療キャンプも開いた。

④ Thai Citizenship Project──United States Embassy, Terre Des Homme からの支援

ミラー財団が山地民と政府との間の仲介役になり、国民証(IDカード)が取れるように働きかけたり、メディアで国民証(IDカード)取得方法を放送する。2002年には、タイで生まれたにもかかわらず国籍を持たない70人の子どもたちとバンコクの議会へ行き、抗議運動をした結果、全員が国籍を取得できた。

⑤フェアトレード商品販売プロジェクト

海外からの支援を受けずに成功したマーケティングプロジェクト。村で作られた手工芸品や民族衣装(誰でも着やすいようにスタッフがデザイン)を販売する。とくに、アカ族のCDと鳥のネックレスは人気商品。事務所には訪問客やボランティアが多く来るので、デザインが良ければ、多少高くてもよく売れる。

⑥子どもに対するプロジェクト

日曜日を除く毎日17〜18時に、子どもの会が開かれ、サッカーや折り紙を教えている。日曜日は遠足に行くこともある。私を含めた3人が担当している。村人とスタッフの話し合いで生まれた子ども自習センターもある。子どもたちの好奇心や関心を追求し、文化・伝統の維持を図る。ボランティア、村の老人や若者が監督役となる。また、ウェブサイトで中学校進学のための奨学金を集めている。

---

4) 内務省が15歳以上のタイ人(タイ国籍保有者)に対して発行する身分証明書。

4　リーパー村の変化

　リーパー村は、ミラー財団の事務所から歩いて100mのアカ族の村である。以前は近代化と同化政策の影響を強く受け、多くの問題を抱えていた。現在はミラー財団の活動によって良い方向へ変化しつつある。
　なお、村は移動するたびに名前を変え、定住地を決めた人の名前がつけられるようだ（1969年まではバーンパクルーアイ村、96年まではリーパーガオ村）。

● ミラー財団が関わるまで
　体験学習中、私はタイ人の学生とアカ族の若者とリーパーガオ村を訪れた。草と竹をかき分け、3時間半かけて到着した村に住んでいたのは、リーパーさんと、その兄弟の2世帯4人。野菜や果物を栽培し、米や衣類などはリーパー村に住んでいる息子に届けてもらっているらしい。以下はリーパーさんとスタッフの話をまとめたものである。
　1969年にバーンパクルーアイ村の住人は、タイとビルマの国境付近のドイトゥーン地区から、より良い土地を求めてマエヤオ地区の山頂へ移動した。山の斜面で伝統的な焼畑農業を行い、自給自足の生活を営んだ。タイの学校教育はほとんど受けず、外へ出稼ぎに行くことも少なかったので、外界との接触は少ない。村人は民族衣装を着て、精霊を信仰していた。
　1990年代になると、外界からの影響が押し寄せてきた。麻薬の運び屋をする者が現れ、出稼ぎに出る者も多くなった。だが、タイ語教育を受けていないため、騙されたり差別を受けることが多かった。村人たちはアカ族であることを恥じるようになる。精霊信仰儀式の煩わしさやキリスト教に改宗すると援助を受けられるため、若者世代を中心にキリスト教徒が増加した。
　1996年にはリーパーガオ村が森林保護区に指定され、山頂からの移動を余儀なくされる。チェンライの町まで働きに行きやすいし、学校などが近いため、現在の場所を選択したが、低地では焼畑農業が営めない。自給自足生活は崩壊し、生計を立てるため、政府指導の換金作物（トウモロコシ、タバコ）に専念した。しかし、それだけでは生活できない。チェンライに出稼ぎへ行

った村人たちは、タイの国民証（IDカード）がないうえに、権利意識の希薄さや司法の無知から、雇い主に騙され、差別された。

こうして、アカ族であることをいっそう恥じるようになる。市場経済が村に入り込み、現金欲しさから57世帯中53世帯が麻薬に関わる仕事をし、中毒患者が急増した。村人同士のつながりも薄くなっていく。

● ミラー財団の活動
①国民証（IDカード）の取得

ミラー財団がリーパー村での活動を始めたのは1998年である。当時、村人は国民証（IDカード）を持っていなかったので、インターネットを使って政府へ働きかけ、すべての村人が取得した。同時に市民権についての勉強会を開き、カードの使い方を指導。現在は病院で治療が受けられ、中学や高校へ進学する子どももいる。

②麻薬との決別

57世帯376人のうち、麻薬に関わる村人は4人に激減した。Anti-Drug Community Networkのスッタフは、ミラー財団の行うキャンプや麻薬撲滅キャンペーンの成果だと話した。ただし、元中毒患者で現在はミラー財団で働く男性は、警察の取り締まり強化が最大の要因だと言う。

③農業プロジェクト

化学肥料を使わないアカ米（アカ族に代々伝わる米）や野菜の栽培、魚の養殖など。私の体験学習中は、学生と村の若者がペアになり、新たな自給自足プロジェクトを試行錯誤しながら進めていた。伝統的な作物、土の状況、プロジェクトへの関心などを調査し、村人の意見を取り入れ、村に最も適した農業開発を進めている。私もアンケートを行い、村人と一緒に果物の苗を植えた。

④弱体化した村人同士のつながりの強化

若者たちを対象とするユースキャンプを頻繁に行い、文化や伝統、農業、

将来の生活についてディスカッションする。スタッフがサポートして、村人中心で、開発、農業、教育などについての会議も頻繁に開かれている。また、Bangkok TV Projectでは、担当スタッフ、タイ人のインターン学生3人、リーパー村のボランティア2人が、毎日のように撮影していた。ただし、私が見るかぎり、若者の多くは町で働くことを好んでいる。これらの活動がどれだけの成果をあげているかはわからない。

⑤女性に仕事をつくる

女性が町に出て働かなくてもすむように、民族衣装やカバンなどを作る。これは村の伝統の維持にもつながっている。現在、ショップで働く女性は12人(2002年当時、月給は2000〜3000バーツ)。ほかにもミラー財団は多くの村人を適切な給料で雇っているが、限界はある。今後、女性が性産業で働いたり、金銭的に余裕が生まれた男性が買春する可能性もある。そうなれば、エイズが広がる危険性もあるだろう。

⑥村人の自尊心やアイデンティティーを強化する

裕福な家には冷蔵庫、テレビ、ステレオなどの家電製品がそろい、コンクリートの家に住む者もいる。タイ人と変わらない服を着て、子どもたちは学校でタイ語教育を受ける。「村人たちは近代化政策のもとでタイ人に同化してしまったのだろうか」という錯覚に陥るかもしれない。

しかし、それは違うのではないだろうか。以前とは異なる変化が村人の心の中で起こっている。それは、クリスマスや新年のお祝いの時に見ることができた。若者たちはアカの民族衣装を着て、伝統的な踊りをして、アカの料理を食べる。ミラー財団に頻繁に遊びに来る女の子は、誇らしげに民族衣装を私に見せに来た。私がそれまで見たことがないほど、彼女の顔は輝いていた。

たしかに村人の文化は、政府の近代化政策や同化政策によって影響を受け、確実に変わりつつある。だが、以前のように自らの文化や自分自身を恥じることはないだろう。私はリーパー村の行事を通じて、彼らのアイデンティティーの存在を強く感じた。100%ではないかもしれないが、若者たち

図1　山地民の変化過程

- ①土地使用の制限
- ②定住化政策
- ③換金作物栽培の奨励
- ④自給自足生活の崩壊
- ⑤タイ教育　タイ語教育
- ⑥仏教の布教
- ⑦文化・伝統の喪失
- ⑧コミュニティの弱体化・崩壊

（筆者作成）

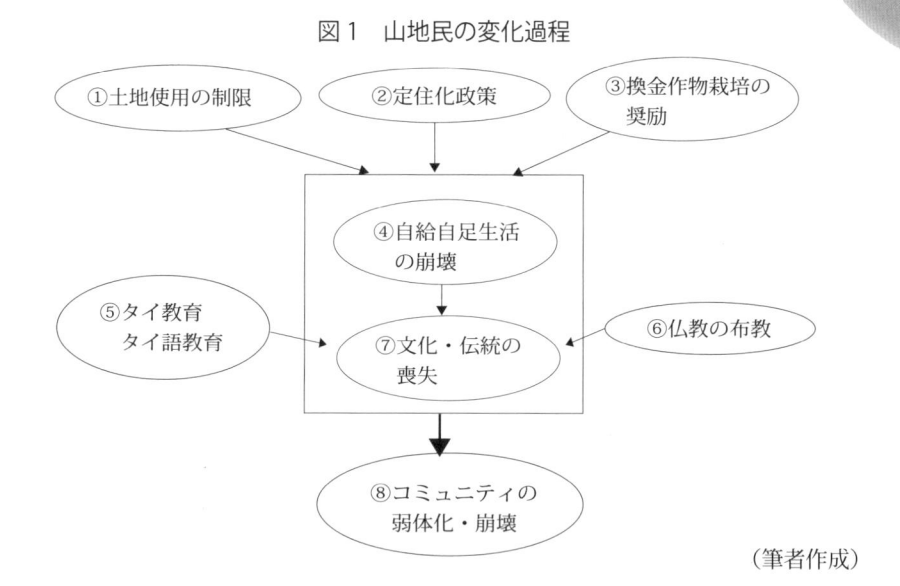

は自民族に対して誇りを持っている。ミラー財団のさまざまなプロジェクトによって、一度はアカ族であることを忌み嫌った村人たちが確実に変わったと私は感じた。

5　文化・伝統とコミュニティ

近年タイの山地民は、否応なしに受ける近代化の影響とタイ政府の同化政策により、文化と伝統が急速に失われつつある。その結果、新たに生じる問題もある。そうした変化過程を図1にまとめた。

タイ政府の森林保護政策により、国立公園や森林保護区に指定された彼らの土地では森林の伐採や焼畑が禁止され、土地使用の制限を受けた（①）。また、移動式の生活ではなく、一定の土地に定住することを余儀なくされ（②）、生活の基盤を失う。政府は移動式の焼畑農業ではなく、農薬や化学肥料を使用する換金作物栽培を奨励した（③）。

これらが原因で、山地民の自給自足生活は崩壊し（④）、貨幣経済がより深く浸透するようになる。その結果、自給自足生活をしていたときのような、

お互いを支え、助け合う相互扶助的な考え方から、個人主義的な考え方に移行する。村や家族単位で行っていた伝統的な儀式も、多くの時間を費やすということを理由に、避けられるようになる。そして、現金を手にしたことにより、代々受け継がれてきた手間のかかる民族衣装作りをやめ、村人同士で協力してきた手工芸品作りを煩わしく思い、市場で服や日用品を購入するようになる。

　家族や村のコミュニティが弱体化ないし崩壊してしまうと、自分たち自身が抱える問題を自ら解決することが困難になる。また、コミュニティが弱体化しているときに外界から差別や搾取にあうと、脆くも打ち負かされ、さらにコミュニティが崩壊していく。ストリートチルドレンや児童売買、児童売春が多い村は、コミュニティの弱体化や崩壊が大きな原因だと考えられる。この図で最も伝えたかったことは、そこにある。

　ミラー財団のプロジェクトの目的に文化・伝統の維持とコミュニティ強化が多く盛り込まれていることの意味がよくわかった。村の文化・伝統が継承されていると、村の人々の結束力やコミュニティが強固で、自然と文化や伝統が引き継がれていく。文化・伝統の喪失(⑦)とコミュニティの弱体化・崩壊(⑧)の順序は、時と場合により変化している。

　ミラー財団で体験学習をして、次のことを強く感じた。

　「コミュニティのエンパワーメントは、外界からの差別や搾取に打ち勝つことができる」

　ミラー財団のあるスタッフが言った。

　「政府が行う同化政策とは、山地民を同化させることが目的ではない。国籍や権利を与え、生活を向上させるためのものだ」

　たしかに、山地民の生活が向上し、経済的に豊かになった部分もある。だが、私はこの意見に100%同意することはできない。タイ政府の同化政策により、山地民に国籍や権利が与えられ、生活水準が向上したという、良い部分もある。しかし一方で、同化政策により生活が大きく左右され、貧困に陥ったり、自尊心やアイデンティティーの否定につながっているケースが多いことも確かだ。

　私は、タイのような国で、国家が持つ同質性やマジョリティー中心の考え

方を根本から変えることは不可能に近いと考える。しかし、将来的に政府は、国家へ民族を同化する方向ではなく、山地民の民族的アイデンティティーを認め、少しずつ彼らと向き合っていかなくてはいけない。

　私はミラー財団で体験学習をしている間に、山地民も日本も同じような問題を抱えていることに気がついた。平地のタイ社会で学校教育を受けた山地民の若者たちは、村内で農業をするよりも、現金収入を得られ、刺激のある町での仕事に関心が向いている。日本の農村でも、若者は都市の学校や仕事を好み、故郷を後にする。

　以前は民族衣装を着ていた山地民が、快適さから洋服を着るようになったのは自然なことだ。山地民の文化・伝統に限らず、人々の伝統文化は変わらずとも、生活文化は絶えず変化し続ける。それを昔ながらのままに保持するのか保持しないのかは、そこに住む人々自身が選択すべきことである。

　当たり前のことではあるが、私は誤った仮説を立てていた。それは、「山地民は昔からの文化・伝統を維持していくべきである」という仮説だ。私は知らず知らずのうちに、文化・伝統の捉え方を勘違いしていたように思う。

　結局、私は最後まで、アカ族の男の子が「タイ人だがアカでもある」と言ったときの心情をあまり理解できなかった。彼のアイデンティティーはどういったものだったのだろうか。それは、彼自身にしかわからないかもしれないが、疑問が残る。

　でも、私は、私自身に気がついた。タイ、アカ、その他の山地民の文化・伝統を学ぶうちに、私自身のアイデンティティーの存在に気がついたのだ。日本に生まれたこと、両親の子どもであること、私が私であることに。

　今は自分に誇りを持って生きていくことができる。これは、タイ長期FSに参加しなければ、気がつかなかったことだろう。

伊能（いのう）さくら　1981年生まれ、NGOボランティアコーディネーター（タイ在住）
〈2002年度参加〉

卒業後にタイへ語学留学をし、長期FSで体験学習したミラー財団のボランティアを経て正式な職員となる。東南アジアの一人旅で目にした子どもたちの状況について詳しく知ろうと長期FSへ参加。体験学習先が成長の場であり、現在の勤務先なので、長期FSへの参加が進路選択に大きな役割を果たしたことは明確。

4 タイのユーミェンにおける移動の歴史
●村人の語りと〈過山榜〉、刺繍を通して●
キャセンボン

波多　真友子

1 タイのユーミェン

　タイには主に北部山岳地帯に居住する9つの民族がいる。私が2カ月間の体験学習を行ったのはそのひとつで、ヤオ族と呼ばれる人たちのパンカー村である。村人の自称はミェンまたはユーミェン。ミェンは「人」を意味し、ヤオは祖先を表す。居住地はチェンライ県、パヤオ県、ナーン県に集中し、人口は約4万5000人で、山地民人口の5％にあたる。中国の広東省や雲南省、ベトナムやラオスの北部などでも暮らし、タイへは200年ほど前に両国を経由して、中国から移住してきた。山地民の中で唯一、男性が漢字を使用する。
　チェンマイ市内からバスに揺られて4時間半弱で、パヤオ県チェンカム郡の中心地に到着する。そこからパンカー村まで、さらにバスで約1時間だ。村を突き抜けて舗装された国道1148号線が走り、日中は交通量が比較的多い。村人はパンカー村と呼んでいた。
　パンカー村の人口は605人(男性301人、女性304人)、世帯数は132戸。すべての家で豚や鶏を飼っており、村人の大切な財産である。儀式や祝い事の際に捧げ物や料理として使用するほか、現金収入にもなる。村に住むのは高齢者、子どもとその親が多く、若い世代(とくに女性)は村外へ働きに行っている。宗教は、仏教と祖先霊信仰である。仏教寺院はあるが、体験学習中に僧へ托鉢をする村人を目にしたことは一度もない。祖先霊信仰は根強く残り、その儀式は祈祷師が取り仕切っていた。
　山の斜面につくられた畑では、主に陸稲とトウモロコシを栽培している。平均標高が1700mと高いため、水田はない。陸稲は11月下旬に刈り終え、トウモロコシは12月下旬に収穫の最盛期を迎える。村人によると、トウモロコシの販売価格は2006年当時1kg 6バーツ(1バーツは約3.5円)

で、年間現金収入は多くて10万バーツ、少ないと6万〜7万バーツである。それだけでは生活が厳しいので、家畜やユーミェン独特の刺繍がなされたOTOP[1]製品で現金収入を得ている。最近は都市や海外へ出稼ぎに行く人も多いためか、電気製品がそろい、経済的に豊かに思える。

村内には6種類の名字の家系が存在する。ユーミェンは古くから漢字の名字を持ち、現在も民族内では使われている。同時に、タイ国民としての名字も持ち、国民証（IDカード）や学校などで使用されている。私が滞在した家は、ユーミェン名「タン（鄧）ナイルァン」、タイ名「フイ・シーソムバット」という女性の家庭である。以下では、「メーフイ」（「フイお母さん」という意味）と呼ぶ。パンカー村の主婦グループのリーダーで、村にとっては欠かせない人物だ。

メーフイは1956年に5人きょうだいの4番目として生まれた。早くに両親を亡くし、父方の祖父母に育てられた。小さいころからユーミェンの歴史や刺繍についての質問をする彼女を見て、祖母は「この子は将来のユーミェンにとって必ず必要な存在になるから、家に残すべきだ」と言ったという。メーフイの夫は雲南省の出身。国道1148号線の建設作業に従事しているときにメーフイに出会い、結婚して二男二女をもうけた。彼は婿養子としてタン（鄧）一族の一員となったのである。

鄧家はパンカー村の村長を代々務めてきた。1997年までは村長が次期村長を任命していたので、すべて鄧家から選出されていた（現在は選挙制）。

2　ユーミェンの移動の歴史

ユーミェンは、焼畑耕作に伴い中国からタイへ移動してきたと指摘されている。ユーミェンの焼畑耕作は、パガヨー（カレン族）のような土地を一定周期で循環して使用する方式ではないため、それが移動の理由だと私は思っていた。しかし、ユーミェンの歴史や文化に詳しい村の総合学校の盤文陞(ピャンウァンセン)先生は、焼畑耕作との関係はほとんどないという。

---

1) One Tambon One Productの略で、一村一品運動のタイ版。タクシン首相（当時）が導入した。

盤先生によると、ユーミェンが大規模な移動を開始して約600年が経つ。ユーミェンは元々、中国・河南省の洛陽に居住し、焼畑耕作の農地を求めて小規模な移動を繰り返していた。その後の大規模な移動の理由は、民族間の戦乱である。しばしば着の身着のまま逃げたり、若い男女が連れて行かれたり、老人が殺されたという。そこで、洛陽から南下し、さらに中国南部の山脈沿いに、南京→広東省→湖南省→広西壮族自治区→貴州省→昆明と移動した。そして、ベトナム、ラオス北部のムァンシン（中国とビルマの国境に面した町）を通り、メコン川を渡ってタイにたどりついたのだ。

　この歴史で雲南省からタイへの移動を指揮した人物が、メーフイの曽祖父の父・パヤーキリーである。雲南省に生まれた彼は、ユーミェンとともにモン族の移動をも指揮したという。現在、モン族の子孫は隣村に住んでいる。以後、鄧姓の男性はリーダー的存在を任されるようになったと考えられる。

　パヤーキリーは当初、ナーン県に居住した。しかし、1960年代後半になるとラオスの共産主義が勢力を増し、ラオスに近い村からの移住をタイ政府に勧告される。そのため1969年にパンカー村へ移住し、71年にパンカー村が行政村として認められた。なお、モン族は共産主義を支持する派とタイ政府の意見を聞く派に分かれたそうだ。

　以後、パンカー村のユーミェンはふたつの理由から移動をしていない。ひとつはタイ政府に移動の禁止を命じられたからであり、もうひとつは移動を繰り返したユーミェンの村が崩壊してしまった例があったからである。タイ政府から与えられて移動した土地がユーミェンの農法と合わず、村人が出稼ぎに行かなければならなくなり、性産業へ従事させられた女性や子どももいたと、メーフイは話した。

3　ユーミェンの歴史を表すもの

●通行許可証「過山榜（キァセンボン）」

　パンカー村はタイ国内に居住するユーミェンの村で唯一、「過山榜」と呼ばれる巻き物を持っている。過山榜は通行許可証の意味で、通称パスポートと呼ばれ、村人にも村外の人にもパスポートで通じる。「評皇券牒（ひょうこうけんちょう）」とも言

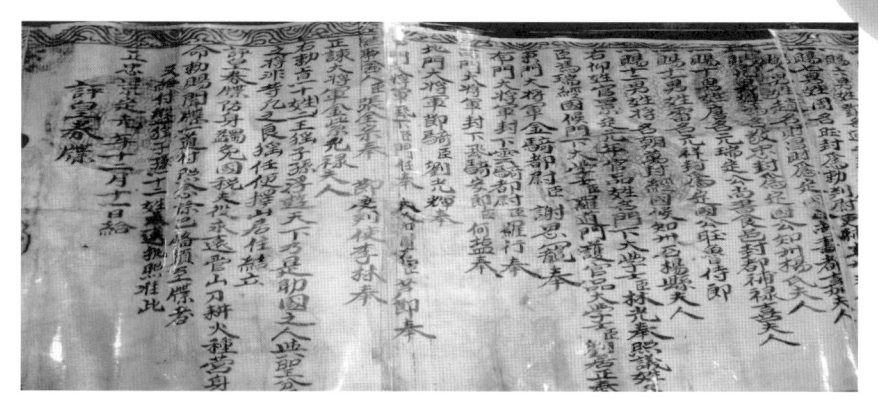

過山榜のコピー（筆者撮影、2006 年 11 月。以下同じ）

われ、春秋戦国時代（紀元前 770～221 年）の最高権威者がユーミェンに給付したという。また、漢民族の皇帝が発行したという説もある。

すべて漢字で記され、最後に内容に関わる絵も描かれている。古くからユーミェンは、男性は漢字、女性は刺繍の習得によって、文化や伝統を継承してきた。したがって、過山榜は男性が記したものである。村人たちは、「通山榜」と書いていた。

では、なぜパンカー村にしかないのだろうか。村人によれば、ひとつは、日本人の古文献収集家が他の村から買い取ったからだという。もうひとつは、1960 年代後半～70 年代前半の共産主義勢力の拡大が懸念されたころ、タイ語以外の文書を持っていると共産主義の支持者とされるのを恐れた一部のユーミェンが燃やしてしまったからだという。ただし、ナーン県の博物館には展示されているという。こうしたさまざまな理由で、多くの村から失われたと考えられる。

私が目にした過山榜はコピーで、実物が見られるのは年 1 回、1～2 月の中国旧正月の時期である。実物は村長が保管している。これは明の時代（1368～1644 年）に、使用期限が切れたために書き直されたものである。冒頭の 2 行目に、「更新」と書かれている。なお、猺にはヤオを意味する漢字が記載され、猺人はユーミェンを表している。

「正忠景定元年十弐月十一日招造猺人十二姓仍照前朝
　評皇券牒更新出結十二姓猺人拼於後評皇券牒乃是」

過山榜内に記載されている山であれば、どこでも移動できたという。つまり、中国国内における通行許可証である。写真のように、過山榜にはところどころ印鑑が押されている。これは、移動中に関所のような場所を通った際の証明として近くの町長が、あるいは移住してきた証明として移住者一族の代表が、それぞれ押していた(その多くは残っていない)。

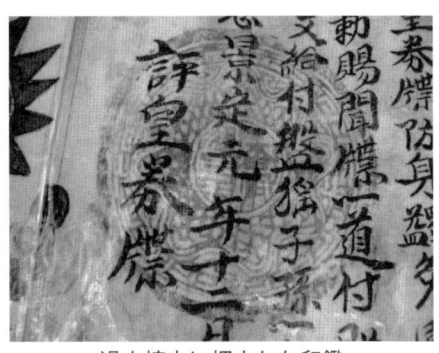

過山榜内に押された印鑑

また、過山榜を持つことによって与えられる3つの特権も記載されている。「兵役の義務はない。どの山で畑を耕しても納税の義務はない。川を渡る際に税金の支払い義務はない」と書かれているのだ。ただし、これらは中国国内のみで通用し、ラオス、ベトナム、タイでは意味をなさない。

● 刺繍と過山榜の関係

ユーミェンの民族衣装を見ると、ほとんどすべてに細かい刺繍がなされている。とくに、女性がはくズボンには、生地が見えないほど細かく多い。現在残る伝統的な刺繍の柄は35種類で、そのすべてに名前と意味が存在する。

彼らは古来より、刺繍が施された布の裏面を使って民族衣装やカバンなどを作ってきた。裏面とは思えないほど均一に整っており、一見しただけでは、どちらが表なのかわからない。なぜ裏側を使うのかメーフイに聞いてみた。

「刺繍も人間と同じなの。表面を見ても、その人自身の中身まで知ることはできないでしょ。見かけがいいように見えても、心が汚かったら、それは偽り。本当に心がきれいな人は、表面にも表れてくるのよ。刺繍も同じで、表面ばかりがきれいでも、裏面が整っていなかったら意味がないの」

学校教育がなかった時代、女の子は数が数えられるくらいの年齢になると刺繍の練習を始めた。簡単な柄から習い、年長者の手順を見て真似しながら習得していくという。最初に習う柄は、トゥントンティー(子豚)、ブンベユー(道端に咲く花)、ナンサノン(過山榜に登場する平皇の三女の付き人)の3つだ。

刺繍と過山榜の関係

メータップ　　　　トムピアン　　　　　　　トムシアン

⑥　④　①
⑤　②　③

ナンサノン　　オンカラット　　ナムージェオ

　ブンベユーは、「日々良い行いをしていると、それがやがて自分にも返ってきて、道端に咲く花のように多くの人に好かれる」ことを表している。
　このように、刺繍を通して女の子はしつけを学んできた。そして、繰り返し教えられたのは「欲張りになるな。良い行いをしろ。正直になれ」だったそうだ。細かい柄が組み合わさって大きな模様になっている刺繍もあり、それらはモラルや法律、地域、人間関係などを表している。また、身につける人によって少しずつ刺繍の柄が違ったという。
　35種類の刺繍の柄のうち、9つが過山榜に関係している。写真で6つを紹介しよう。
　①トムシアン：過山榜を発行した平皇(ピンワン)を表す。

63

②オンカラット：平皇の世話やボディガード的な役割の人たちを表す。
③ナムージェオ：平皇の娘と結婚した神様が乗り移った竜犬・盤護(パンフー)を表す。
④トムピァン：平皇の３女を表す。
⑤ナンサノン：平皇の娘の世話をしていた人たちを表す。
⑥メータップ：軍人、警官などを表す。

4　村のいま、そしてこれから

● 伝統の継承

　私はパンカー村に滞在して、「変化の途中にある村」だと感じた。多くの村人の家にはテレビもCDデッキも冷蔵庫もあり、若者の多くはひとり一台携帯電話を持っている。ほとんどの村人は外の世界の影響を受けて生活し、とくに若者は敏感である。しかし、自分たちの社会にはあまり興味を示さない。たとえば、自分たちがどこから移住してきたのか、何のために行われている儀式なのかは、ほとんど知らない。ここまで述べてきたユーミェンについての事実も、ほとんど知らない。私は文化や歴史の継承が困難になってきていると実感した。それは村全体の問題でもある。

　女性が刺繍している姿は、よく見かける。ところが、意味を持たない刺繍も多く見られるようになってきた。その原因はOTOP（59ページ参照）である。2001～02年ごろ村の生産物をOTOP製品として売ることになり、制作時間がかからず、売れる模様の刺繍を作り始めたのがきっかけだ。伝統的な刺繍をしていた年配の女性も、本来の意味を持つ刺繍をしなくなった。

　また、40代以下、なかでも若い女の子の多くは、難しい刺繍ができない。洋服が普及して自ら服に刺繍をする必要がなくなったことと、売れる模様のほうが簡単で、現金も手に入るからだ。母娘間の伝統的刺繍の継承もあまりされていない。このままでは、伝統的な刺繍は確実に消えるだろう。

　そうしたなかで、メーフイは伝統的刺繍を残そうと努力している。彼女は、1997年ごろから年長者の女性に聞いて、伝統的な刺繍についての資料集を作っている。

　「昔からの柄を知ったうえで新しい柄を取り入れるのはいいけど、それが

逆転したら伝承できなくなる。昔から継承してきたものは、その民族のアイデンティティーを示すのだから、自分たちが伝えていかなければならない」

一方、ユーミェンの男性の多くはこれまで、漢字を使用できた。過山榜に代表される史料は、すべて漢字で書かれている。漢字が理解できなければ、それらは意味のない史料になってしまう。現在、漢字が理解できるパンカー村の男性は、60代後半以上か儀式を行う祈祷師だけである。

パンカー村滞在中に結婚式に参加した際、「ユーミェンの結婚式における12回の儀式」について書かれた大きな布を目にした。漢字の横にタイ語の翻訳もあったので、漢字が読める人の減少がうかがえた。現在、タイのユーミェンをまとめている男性でさえ、漢字は読めない。

学校では男女関係なく中国語の授業を受けられるが、一緒に受けた印象では、熱心に漢字を学んでいるとは言い難かった。盤先生の5人の息子も、漢字の読み書きができないそうだ。

● 出稼ぎがもたらすもの

メーフイによれば、村の労働力の80％近くが国内外の出稼ぎに従事しているという。出稼ぎが始まったのは1987年ごろからで、初めは男性だった。女性は1988年にメーフイがお手伝いさんとして香港に行ったのが初めてである。そのきっかけは、前年のトウモロコシが不作で、たまたまラジオから流れてきた「香港へ出稼ぎに行きませんか」という放送に耳を傾けたことだった。村長に出稼ぎに必要な資金として1000バーツを借り、バンコクで2カ月間広東語を勉強し、香港へ行った。末娘が4歳のときで、それから約9年間、西洋人の家で働いたという。

表1に1995年時点のパンカー村における出稼ぎ従事者をまとめた。2006年現在80％近くが出稼ぎ従事者であるとすれば、1995年以降の12年間で出稼ぎが増えている。その要因として、タイ政府による焼畑耕作の制限[2]や電気の普及が挙げられる。電気の普及により、テレビが村の外の世界

---

[2] 1998年に公布された商業伐採禁止令により、一定の太さ以上の木は切ってはならないとされ、結果的に新しく森を切り開いての焼畑耕作ができなくなった。なお、この法令は本来、木材の違法伐採を取り締まるものである。

表1　1995年時点のパンカー村における出稼ぎ状況

国内：帰村		国内：現在			海外：帰村				海外：現在		
男	女		男	女		男	女		男	女
15	13	県内	0	0	台湾	8	1	台湾	4	3
		バンコク	3	6	シンガポール	1	0	シンガポール	1	0
		チェンマイ	3	5	香港	1	10	香港	0	1
		その他の県	2	1	日本	5	2	日本	1	1
		計	8	12	イスラエル	2	0	イスラエル	2	0
					計	17	13	計	8	5

（出典）吉野晃「焼畑から出稼ぎへ─タイにおけるミエン・ヤオ族の出稼ぎに関する調査の中間報告─」（『東京学芸大学紀要第 3 部門第 50 集』東京学芸大学、1999 年）をもとに筆者作成。

を魅力的に宣伝し、購買意欲が刺激される。村内には新築された家も目につく。その家の人にうかがったところ、夫婦で韓国に出稼ぎに行っていたという。彼女の夫はいまも韓国にいる。

　現時点の海外出稼ぎ先は、男性が韓国と香港、女性は香港、韓国、台湾が多いとメーフイは言っていた。彼女の息子 2 人も韓国で出稼ぎしている。滞在中、韓国へ出稼ぎに行く人の多さを実感した。また、日本への出稼ぎからの帰村者も 4～5 人いた。

　今後も出稼ぎは増えていくだろう。なぜなら、収入の多くを出稼ぎから得ているし、農業に代わる現金収入源としての選択肢のひとつと捉えられるからだ。このまま出稼ぎが増えていけば、出稼ぎ先での結婚や移住の増加も予想される。それは、新たな移動の歴史となるかもしれないが、ユーミェンが保持してきた文化や伝統の継承という点から言えば、より厳しい状況となるだろう。

波多　真友子（はた　まゆこ）　1984 年生まれ、恵泉女学園大学 FS/CSL アシスタントコーディネーター
〈2006 年度参加〉
長期 FS 参加のきっかけは、周囲の先生方からの強力な後押しだった。当時、現在のようにタイや恵泉と関わりのある人生を歩むことになるとは思ってもいなかった。長期 FS での経験を通して、国家の枠組みにとらわれず、柔軟に物事を学び、考え、主体性をもって人生に挑戦する大切さを学んだ。

5 北タイのハンセン病元患者の現状
●リハビリテーションセンターの元患者と家族から学んだこと●

寺岡　久美子

1　ハンセン病患者の推移

　私がハンセン病に関心を持ったのは、国立療養所栗生楽泉園(くりうらくせん)(群馬県草津町)の詩話会との出会いからである。森田進先生の授業で元患者の方々の詩を読んで、ハンセン病問題を初めて知った。日本では新患者数がゼロに等しく、過去のものと考えがちだが、差別や偏見は解決していない。タイでは、"Integrated services bring care close to homes"(平等な奉仕で治療し、自宅近くへ届ける)という方針でハンセン病を減らしてきたという。そこで、治療と後遺症が残る元患者のケアも行うチェンマイ県のマッケーンリハビリテーションセンターで2カ月半の体験学習を行うことにした。

　タイでは1956年に全国調査が行われ、ハンセン病患者約10万人と報告された。その後、国王ラーマ9世の関心もあって専門治療施設が設立された。政府は、帰る場所のない元患者のためにニコム(集落)と呼ばれる新しい村をつくり、徐々に一般の人びとと触れ合う機会も生まれていく。1985年以降、患者数は急激に減少した。MDT[1]の使用や政府のプロジェクトの成果によると考えられる。2005年の登録患者数は約1700人、人口1万人中0.3人である。

　新たな患者は、医療機関や情報にアクセスしにくい山地民やビルマからの入国者に多い。貧困や教育の遅れも影響している。今後は、外国人登録料や保険料を払えない違法滞在労働者への治療が課題となるだろう。また、人の移動が激しい現代社会では、世界レベルでの治療が感染症撲滅に対して求められる。

---

1) 多剤併用療法。結核菌やライ菌に強い殺菌力のあるリファンピシン、免疫抑制的に働くと考えられているクロファジミンとダプソンの3剤を用いた治療法。

2　マッケーンリハビリテーションセンターの活動

●設立の目的と組織構成

　国内最初のハンセン病専門病院であるマッケーンレプロシーセンターは、アメリカ人の医師ジェームズ・W・マッケーンによって、1908年にチェンマイ市に設立された。当時ハンセン病であるがゆえに村を追われた患者たちは、橋の下に住み着き、物乞いをして生活していた。センターは彼と6人の患者で、川に浮かぶジャングルのような島の開拓から始まったという。

　その後、患者の減少により、1987年にマッケーンリハビリテーションセンター(以下、マッケーン)に改名。以後、「北タイ17県のハンセン病患者、障がい者、その家族に対し、愛と信頼をもって治療やリハビリの場を与え、彼らが社会へ復帰し、自尊心を持って生活できるよう手助けをする」ことを目的として活動している。

　設立当初から一貫して、患者にハンセン病についての正しい知識を伝えてきた。症状を知らない、あるいは知ってはいてもどうすればいいのかわからず、生きる希望を見失う患者や無関心になる患者が少なくない。自分で定期的に傷口を手入れすること、身だしなみを整えることなどを指導し、患者の姿勢から変えていこうとしてきた。

　マッケーンは現在、営繕、会計、司祭、病院、クラフト、農業、社会開発の計7課で構成され、職員は約200名だ。資金的には主に、①寄付金、②各組織(教会、政府、NGOなど)からのサポート、③病院、クラフト、農業による収入から成り立っている。

●主な活動内容
　①病院
　外来治療室、入院病棟、リハビリセンターがある(医師5名、看護師9名)。現在は、さまざまな病気の診察を行っている。患者に対しては身体面・精神面のリハビリと職業訓練を行い、社会復帰をバックアップする。
　2006年1月時点では入院患者が60名、うち12名がハンセン病の治療

中だった。2002年から30バーツ医療制度[2]を取り入れたので、タイ国籍を持つ患者は30バーツ（1バーツは約3円）で診察を受けられる。タイ国籍を持たない患者は、レプロシーミッション[3]からの資金援助を受けている。

②クラフト、農業

入所者に対して、個人の特技を活かしたクラフトや農業を指導する。クラフトは木彫り、ビーズアクセサリー、ギフトカードなどで、施設内のギフトショップに加えて、内外の店でも販売している。農業は、敷地内での畑仕事（野菜、トウモロコシ、豆、コーヒー豆、サボテンなど）や家畜（豚、水牛、鶏、アヒル）の飼育。売り上げの一部は運営費にあて、残りは各自の収入になる。

③社会開発

第一は、敷地内の村で暮らす71名のハンセン病元患者に対する活動である。40名は1人6畳程度の部屋に水浴び場とトイレの付いたコテージを与えられ、花壇の手入れや手工芸品などを作って暮らし、31名は老人ホームで介護を受けている。老人ホームでは2001年から一般高齢者の受け入れも始めた。なお、元患者の生活費や医療費はすべて無料である。

第二は、やはり敷地内の村で暮らす、身の回りのことが自分でできる17名の障がい者に対する活動である。それぞれクラフトや農業などの仕事を持ち、社会で暮らすための職業訓練も受けている。2人で1つのコテージに住み、家賃と食費を含めて1人1カ月1450バーツを支払う。

第三は、敷地外で生活するハンセン病患者、元患者とその家族に対する活動である。北タイ6県に暮らす彼らを定期的に訪問し、必要に応じた生活支援を行う。具体的には、必要に応じた衣、食、薬の提供、生活費の援助（1人1カ月350バーツ）、医療の提供（公共衛生施設との協力）、住まいの整備（ス

---

2) タクシン政権の政治的判断で2002年より本格的に導入。複数に分立していた低所得者向け医療保障制度を一本化した医療保険制度である。

3) 正式名称 The Leprosy Mission。ハンセン病患者の治療、看護、リハビリを目的として、1874年に設立された。教会、各国政府、NGOと協力して、ハンセン病患者を抱える国々に薬や医療、資金の提供を行っている。

タッフが年に1度出向き、住居やトイレなどを修復する)、子どもへの教育の促進と5名分の奨学金、ハンセン病についての知識や医療情報のためのポスターとリーフレットの作成(タイ語、山地民の言葉、ビルマ語)、職業支援(豚や鶏の提供)である。

　私が体験学習期間中お世話になったのは社会開発課だ。午前中は老人ホームで介護を手伝い、午後は元患者の家に遊びに行き、一緒にお菓子を作ったり果物を食べたりしながら、いろいろな話を聞かせてもらった。夜は車椅子で生活する28歳の女性と2人で寝泊りした。

　スタッフが外部で暮らすハンセン病患者の家を訪問するときは、3回同行した。衣服、缶詰、インスタントラーメン、毛布、薬などを1人分ずつ袋に詰め、1日に100人近い患者や家族へ届けるのだ。協力関係にある病院の医者も同行し、病状を診る。山地民の村にたどり着くまでの道のりは想像以上だった。でこぼこ道や、タイヤが滑れば谷底に落ちるのではないかと思われる道なき道を、小型トラックで走る。タイ語を話せる村人がほとんどいない村もあれば、同じチェンマイ県にあるにもかかわらず8時間もかかった村もあり、いかにタイの情報や医療機関とアクセスしづらい地域に暮らしているのかを実感した。

　3回の訪問(異なる場所)で、ハンセン病患者が村人と共存し、差別を受けることもなく、当たり前の日常生活を送る姿を何度も目にした。では、マッケーンで暮らす元患者は、なぜ村に戻らないのだろうか。彼らの故郷の人びと、とくに家族や親戚はいま彼らとどんな関係にあるのかを知りたい。そこで、マッケーンで暮らす元患者とその家族関係に視点を向け、その暮らしの現状を学んでいこうと決めた。

マッケーンの職員と援助物資配給と見回りのために訪れた山地民の村にて　　　(2005年、村人撮影)

3　ハンセン病元患者の生活と家族との関係

●元患者たちと、実家との関係

　マッケーンで暮らす元患者の平均年齢は73歳と、かなり高齢化している。1979年以前の入所者が57名と圧倒的に多い。彼らは、故郷での差別や偏見により帰る家がない、後遺症が重く社会生活が困難、極度の貧困で社会復帰が難しい、と社会開発課で判断された者たちである。

図1　実家の兄弟姉妹との現在の関係

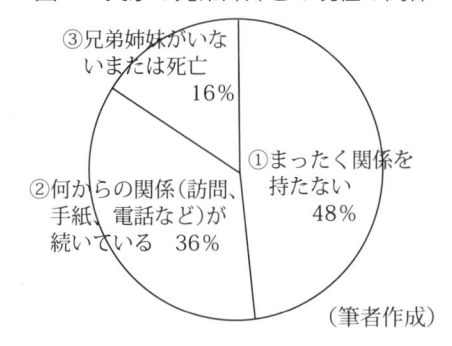

③兄弟姉妹がいないまたは死亡　16％
②何からの関係（訪問、手紙、電話など）が続いている　36％
①まったく関係を持たない　48％

（筆者作成）

　高齢なので家族が亡くなっている可能性も考え、50名に対して実家の兄弟姉妹との関係について、アンケート形式の聞き取り調査を行った。元患者が亡くなった場合、約80％の遺体の引き取り手がないと社会開発課関係者に聞いたので、多くは関係がないに等しいのではないかと予想していた。

　その結果を図1に示す。現在は関係をまったく持たない人が48％だった。平均4.97人の兄弟姉妹を持つのに、その誰とも関係がないというのは、やはり差別や偏見が原因なのだろうか。より理解を深めるために、3つのパターンから1人ずつ選んで、じっくり話を聞いた。

●3つのケーススタディ

①姉と縁が切れてしまった58歳の男性

　チェンマイ県で生まれ、16歳で発病。母親もハンセン病患者でマッケーンに通っていたことから、入所した。20歳で治療を終えて村に戻るが、周囲から足跡を水で流される、同じ皿の食事を食べさせてもらえないなどの差別を受け、21歳で再入所。

　実家には兄と姉が1人ずついて、兄もハンセン病を患ったが後遺症が軽いため、現在はニコム（集落）で生活している。故郷の村にいる姉は、里帰りしたときに彼が切った果物を口にしないし、マッケーンを訪ねたり連絡して

きたことは一度もないから、自分に偏見を持っていると考えている。
　30歳で入所者の女性と結婚し、娘が一人産まれた。娘の養育費は、マッケーンのごみ収集の仕事の給料とビンを回収して売ったお金で、まかなってきた。現在は車椅子生活で、平日は老人ホーム、土・日は敷地内の家で妻と娘夫婦、孫の5人で暮らしている。娘は大学卒業後に就職し、足の不自由な父親のために社会福祉の手続きをするなど、生活に必要な情報網となっているようだ。

②両親を早くに亡くした、ひとりっ子の83歳の男性
　兄弟姉妹もなく、12歳でお寺に預けられ、8年間少年僧として育った。20歳で出家するが、21歳で還俗。チェンマイ市で木彫りの仕事に就く。当時から背中の皮膚に痛みを感じないなどの前兆はあったものの、気にしていなかったという。病状が進行し、27歳でマッケーンに入所。キリスト教に関心を持ち、改宗したのも、このころだ。
　その後、入所者の女性と結婚した。彼女はハンセン病を理由に捨てられた夫との間に娘がひとりいた。その娘と、2人の間に産まれた息子の4人で、マッケーンを出て生活し、現在は治療のため一時的にマッケーンの老人ホームに入居している。以前は差別されたが、結婚後は差別や偏見の記憶はほとんどないという。孫が様子を見に来て、身の回りの世話をしている。

③兄弟姉妹とも関係が続いている68歳の女性
　バンコクで生まれ育ち、8歳で発病した。17歳でマッケーンに入所し、3年間の治療後バンコクに戻る。母親からハンセン病患者同士が結婚するのは世間的にも血筋的にもよくないと言われ、自分もそう思ったので、患者ではない男性と結婚し、25歳で男の子を産んだ。幼いころから友達が多く、発病後も家族や友達から差別を受けた記憶はない。お菓子作りが得意で、みんなが喜んで買ったという。
　ただし、自分がハンセン病元患者であることは息子の将来にマイナスになるかもしれないと考え、息子を夫の親戚に預けて、中南部の病院で約30年間、看護師の仕事の手伝いをしてきた。夫の死亡後にマッケーンに再入所す

る。息子や孫は一緒に暮らそうと言ったが、自分で出した結論である。
　現在も兄弟姉妹、子や孫と頻繁に連絡を取り合い、バンコクへ遊びに行くことも多い。親族が亡くなったときに呼ばれるなど、当たり前の家族関係が続いている。孫たちも婚約者を彼女に紹介し、もしハンセン病元患者である祖母を受け入れてくれないなら結婚しないと言うほど、彼女を大切に想っているようだ。自分は軽い後遺症が残っているけれど、周囲が認めてくれるかは自分しだいであり、努力することで変えられると話してくれた。

●ケーススタディからわかること
　①と②の男性のケースからは、ハンセン病患者という理由で一般社会から離れた場所で生きてきたが、現在は新しい家族、とくに子どもや孫の存在により、再びタイ社会と統合しつつあることがわかる。これは、ハンセン病患者に子どもを持つことを禁じていた日本との大きな違いである。
　③の女性の言葉からは、ハンセン病に理解を示す人もいたことがわかった。日本では「らい予防法」制定後、政府による患者狩りや消毒の姿が、ハンセン病は恐ろしい病気と人びとに認識させた面がある。「らい予防法」のなかったタイでは、法律が差別を強めはしなかったのだろう。とはいえ、彼女自身もハンセン病患者との結婚に抵抗を感じ、息子を夫の親戚へ預けたことから、差別も根強いことがわかる。

4　タイで学んだことと今後

　私は二つのことを学んだ。一つは、元患者の現在の生活環境である。元患者の多くは、以前に暮らしていた社会へ戻るか、元患者が築いたニコム（集落）で生活していた。現在のニコムでは、元患者の子どもや移り住んで来た村人が一緒に暮らしている。もう一つは、元患者と家族との関係である。故郷の兄弟姉妹との関係が続いている人は36％だが、新しい家族を築き、いったん切り離された社会と再び統合している人もいる。
　この二つの学びをもとに、日本のハンセン病元患者の生活環境を考えたい。日本では1996年、終生隔離政策である「らい予防法」が廃止された。

しかし、現在も「ハンセン病療養所」が存在し、全国15カ所の入所者数は3400名弱である。この療養所を「高齢障がい者が暮らす施設」へ変えようとする声が上がったが、理解は得られなかった。また、元患者が一般の病院に入院した翌日に、同室の入院患者が全員他の病院に移ったという話もある。これらは、1996年以降のことである。ここから、日本の元患者が療養所外の人びとと共に生活する機会をいかに奪われているかがわかる。

　「らい予防法」のような政策、そして差別や偏見がよくないということは、誰もが認識しているはずである。ところが、いまだに私たち市民が元患者が社会で共に生活するという当たり前の行為を結果的に妨げているのは、なぜなのだろうか。私は、法律の後遺症と、市民（私自身を含め）の自覚の甘さがあると考えている。

　タイで患者と元患者が人びとと共存し合える存在になりつつある理由は、「法の壁」がなかったことと、タイ政府や市民にハンセン病問題を考える機会が少なからずあったことが大きいと思われる。後者については、現国王によるハンセン病患者の訪問や施設の支援が大きいだろう。国民のカリスマ的存在である国王が与える影響力は、計り知れない。私たちは知らず知らずのうちに誤った認識から、差別や偏見を持つ。そうしたことに疑問を持ち、見つめ直すきっかけのひとつが、タイでは国王の存在であったわけだが、日本でもそのきっかけを持つことは十分可能である。

　私は以前、栗生楽泉園で暮らすおじいちゃんと話をしていて、「今後の日本にハンセン病問題を教訓として伝える語り部になっていってほしい」と言われた。残念ながら、今の私のままでは「語り部」にはなれない。なぜなら、両親と姉に甘やかされて育った私の頭では、彼らの人生の数々の苦しみを理解できていないからだ。それでも、今後もハンセン病問題を学び、考え続けていき、将来的に子どもや孫の世に教訓を伝え、共に考えていける人間になりたい。そして、そうあるべきだと思っている。

　今回、マッケーンでタイのハンセン病を学び、考察したことで、その想いはより強くなった。この気持ちを忘れずに、今後も学びを深めていきたい。

　最後に、私が体験学習を通して感じたマッケーンという組織への感想を記

したい。私にとってマッケーンは、福祉活動の現実を見せてくれた場所でもある。振り返ってみると、体験学習する以前の私は福祉活動を美しく考えすぎていたように思う。

たとえば老人ホームで働くスタッフに、「一般のお年寄りには新しいシーツをおろしてもいいが、ハンセン病元患者は傷が多くシーツを汚しやすいので、古いシーツを使うように」と指示された。一般のお年寄りは月に5500バーツの入所費を払っているのに対して元患者は無料なので、その考えをすべて否定はできなかったが、本当の平等とは何か、奉仕とは何か、と考えさせられる出来事であった。

また、マッケーンの施設には、活動を紹介した新聞記事や写真が貼られている。タイ語なので内容まではわからなかったが、どの記事も上の地位にいる人の写真ばかりが使われ、少なくとも私には現場の姿を感じられなかった。本当の現場にスポットを当てるべきなのではないだろうかと、マスメディアに対する考えも変わった。

同時に、スタッフや看護師たちが、入所者のためにマッケーンをよりよくしていこうと懸命に働く姿を毎日のように見、体感してきた。そんなマッケーンの方々を尊敬し、感謝している。そして、さまざまなチャンスを与えてくれた2カ月半の生活を心から宝物に想う。

寺岡 久美子（てらおか くみこ）　1984年生まれ、金融関係（営業職）〈2005年度参加〉
現時点で長期FSへの参加がキャリア形成に影響を与えたとは言えないが、人生観や国際社会に対する考え方には多大な影響を与えた。どんな場所にいても、とりあえず挑戦してみようと思う。また、「急に成長することは難しいけれど、今の自分にやれることを少しずつでも実践することが大事だ」と学んだ。

6 チェンマイにおけるストリートチルドレンと児童労働・児童売買春

金子　由佳

1　チェンマイのストリートチルドレン

●ストリートチルドレンの定義と背景

　私が初めてタイという国を意識したのは、バンコクの児童売買に関する『闇の子供たち』(梁石日著、解放出版社、2002年)という本を読んだ時だった。10歳前後の子どもたちが外国人観光客を相手に売春させられ、栄養失調や虐待、エイズ感染などによって闇から闇へと葬られていくという。「この子たちのために何かできないか」と考え、できるだけ児童売春の現場に近いチェンマイ(北タイ)の NGO である VGCD(The Volunteers Group for Children Development)に体験学習を希望した。

　このレポートでは、児童労働全体を視野に入れて児童買春を見ていく。本で得た悲惨な被害者というイメージとは裏腹に、子どもたちの生活、それを取り巻く社会環境は多様性に富んでいて、統計や全体的傾向だけでは測れるものではないことを、あらかじめお伝えしておきたい。また、子どもが「売春」する場合、客が子どもを「買春」する場合、それらの総称としての「売買春」というように、文脈に応じて使い分けることとする。

　ストリートチルドレンの明確な定義は、NGO や研究者により異なる。私は以下のように定義した。

　「路上を生活の場とし、家族や社会により適切な保護を受けていない18歳以下の子どもで、3つのパターンに分けられる。①不特定な職業を持つが、家族とのつながりはある、②不特定な職業を持ち、家族とのつながりがない、③不特定な職業を持ち、家族も持つが、家に帰らず放浪している」

　まず、チェンマイでストリートチルドレンがなぜ発生するのかを考えたい。近年めまぐるしく変わるタイにおいて、都会居住者の多くは日本とさほど変わらぬ生活を手に入れつつある。IT 化による情報の流通、多様な食文

化や消費文化の浸透などは、その典型だ。デパートに山積みされている食材は、品数も規模も日本に劣らない。一方で農村との経済格差は激しく、特に山地民はさまざまな問題を抱えている。

　一般の農民と山地民で決定的に異なるのは、タイ国籍取得の有無である。都会に流れた山地民の多くは国籍がないから、定職に就くのが困難で、将来の展望が見えにくく、薬物の乱用や麻薬の密売に走る傾向がある。山地民の多くは北タイで暮らしている。

● ストリートチルドレンの傾向と抱える問題

　ストリート・チルドレンは山地民とタイ人の二つのグループに、大きく分けられる。

　山地民の場合、親の麻薬購入資金を稼ぐため、親がタイ国籍を購入する[1]のに多額の資金を必要とするため、家族の生計を助けるために、子どもが繁華街で観光客などを相手に、花売りや物乞い、ときには売春をして生計を立てる生活を余儀なくされている。こうした子どもが街に現れるようになったのは、VGCDの代表者の話によると1990年代になってからで、3〜13歳が多い。そのほとんどはアカ族で、チェンマイ県より北に位置するチェンライ県のビルマ国境付近から来ている。アカ族は中国系の山地民で、稲作文化を持たず、タイへの流入が比較的最近のため自給自足用の土地も持たない。

　タイ人の場合は、家庭内暴力や虐待、両親の離婚などが原因で家を飛び出してきた。彼らは街で出会った仲間同士で生活し、寂しさをうめるために麻薬に走り、不特定多数と性関係を持つことも多い。手っ取り早く生計を立てられる売春を職業とし、職業的ゲイもいる。ここには19〜25歳の若者たちも多く含まれる。

　これら二つのグループを合わせると、200〜300人にもなると言われる。外国人観光客が集まるナイトバザールやターペー門、国立公園、ピン川周辺に多い。

　彼らが抱える問題は第一に、麻薬、HIV／エイズ感染、児童売買春、早期

1）法律的には不可能だが、地下ルートでは購入できる。

妊娠、慢性的栄養不足などで、生活と密接に関係している。なかには、彼ら自身で避けられるものもある。たとえば、意識向上による麻薬やHIV／エイズ感染の回避などだ。

　第二に、社会的な問題である山地民については国籍取得に関わる政府の政策や教育機会の提供、そして一般タイ人の意識の向上である。国籍を取得し、就学できたとしても、差別や偏見が彼らの社会復帰を困難にしている。

2　ストリートチルドレンと児童労働・児童売買春

● ストリートチルドレンを取り巻く児童労働の構図

　子どもの身体的・精神的・社会的発達を損なう有害で搾取的な児童労働は、子どもの基本的人権を侵害する。ユニセフ（国連児童基金）は、有害で搾取的な児童労働を、「子どもの売買、児童ポルノ、性的目的の子どもの人身取引などの商業的性的搾取、借金の抵当として子どもが働かされる強制・債務労働、家事手伝いという名目の搾取的労働」と定義している。

　タイの「年少者労働の仕事と場所に関する1990年内務省令」では、満13歳以上18歳未満の子どもがダンスホールや酒類飲食店、売春宿、マッサージ店などで働くこと、雇用主が子どもの賃金から雇用世話料を差し引くことを禁止している。しかし、チェンマイのストリートチルドレンを取り巻く労働に、こうした法令はほぼ無関係である。

　山地民は両親や親類、ブローカーに生活の主導権を握られており、労働を拒否する権限を持たない。タイ人は主に売春を収入源にし、そのルートは子どもたちの間で確立されている。両者にはさまざまな仲買人が存在し、その関係は複雑に絡まりあう。それらは図1のように整理できる。

● 近年の児童労働と児童売買春の傾向

　1997年のバーツ暴落以前の児童労働は、大規模な食品工場などで過酷な労働条件のもとで長時間単純作業を強いられるというパターンであった。近年、それは影を潜め、児童労働は多様で複雑化している。

　私が関わった子どもたちの労働の場は、観光客が多く集まり、キャバレー

図1　チェンマイのストリートチルドレンを取り巻く労働と問題の構図

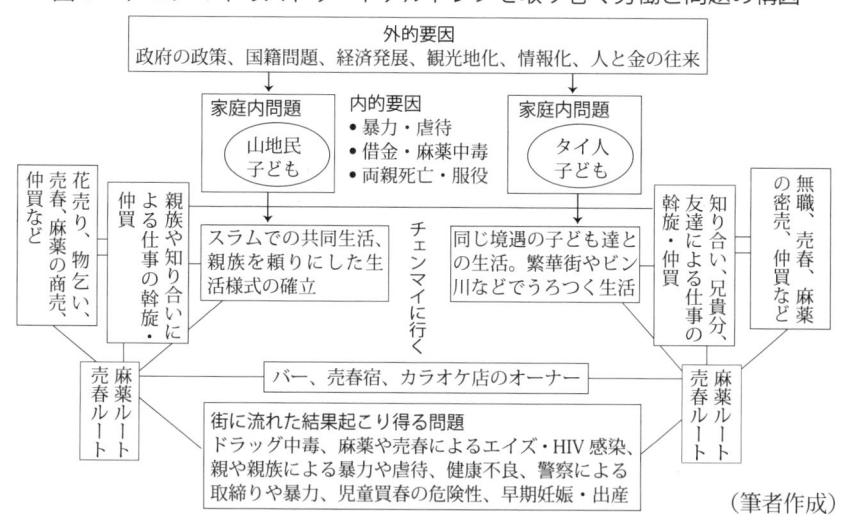

```
                    外的要因
        政府の政策、国籍問題、経済発展、観光地化、情報化、人と金の往来

            家庭内問題        内的要因         家庭内問題
                         ・暴力・虐待
             山地民        ・借金・麻薬中毒       タイ人
             子ども        ・両親死亡・服役       子ども
```

（図中テキスト）
- 花売り、物乞い、売春、麻薬の商売、仲買など
- 親族や知り合いによる仕事の斡旋・仲買
- スラムでの共同生活、親族を頼りにした生活様式の確立
- チェンマイに行く
- 同じ境遇の子ども達との生活。繁華街やピン川などでうろつく生活
- 知り合い、兄貴分、友達による仕事の斡旋・仲買
- 無職、売春、麻薬の密売、仲買など
- 麻薬ルート　売春ルート
- バー、売春宿、カラオケ店のオーナー
- 麻薬ルート　売春ルート

街に流れた結果起こり得る問題
ドラッグ中毒、麻薬や売春によるエイズ・HIV感染、親や親族による暴力や虐待、健康不良、警察による取締りや暴力、児童買春の危険性、早期妊娠・出産

（筆者作成）

やゴーゴーバーが立ち並ぶ繁華街で、売買春の現場に近い。山地民の子どもは、夜8時から深夜3時ごろまで酒に酔った観光客に接触し、花を売り、物乞いをする。タイでは売春宿だけでなく、ゴーゴーバーやカラオケ店、喫茶店で働く人々、ときにはホテルのフロントが客引きを行うので、観光客は手軽に買春できる。

　そうした現場に密接した環境で働く子どもたちの売春に関する問題意識は希薄で、安易に売春をしてしまう可能性はきわめて高い。統計的データはないものの、私が関わった路上生活をやめられなかった子どものほぼ100%が、売春の経験があった。タイ人の場合、一時的な寂しさをうめるために、愛情への欲求から、不特定多数と性交渉を持つに至る。そして、性交渉への抵抗感をなくし、売春をしてしまう。安易に大金が手に入るという経済的理由が、それを後押ししている。

　チェンマイ県庁の「子どもの権利財団北タイ支部」代表者(以下、代表者)の話によると、児童売春の現状は3つのパターンに分けられる。

①比較的恵まれたタイ人の子どもが物欲を満たすために、小遣い稼ぎの感覚で行う。

②騙されて、あるいは自ら進んで、日本やドイツなどの先進国に職業とし

て出稼ぎに行く。
　③近隣諸国からの出稼ぎ者、山地民、ストリートチルドレンなどが、観光客相手に行う。
　これらを考慮すると、児童売買春の数は増加傾向にあり、要因が貧困のみではなくなりつつあるといえる。また、近年は大学生や高校生の売買春が増加し、制服によって値段が異なるという。日本の援助交際と同じ構造である。一方でマイノリティへの性的搾取も変わらず存在し、子どもの心の歪みや構造的暴力への対応が課題である。後者の場合、社会環境の根本原因が取り除かれないかぎり、子どもを救出したとしても減少にはつながらない。
　なお、私が本で読んだ「闇から闇へと取引される子ども」について、代表者は「たしかに存在するが、実態の把握は非常に難しい」と語った。これは③に該当する。闇で取引される子どもたちの多くは無国籍の山地民であるため、さまざまな権利が奪われている。少数ではあるが、そうした場所から救出された子どもによると、地下の闇ルートはチェンマイ市内に無数に存在し、政府やNGOがアプローチできないように定期的に場所を移動し、政治的権力を持つ人物とつながりを持つ場合もあるという。

● 誰が買春するのか

　児童買春するのは誰なのか。これは今回もっとも知りたい点であったが、時間不足もあって統計化するには至らなかった。ただし、代表者やVGCDのスタッフによると、傾向はある程度つかんでいるという。
　まず、児童買春のみならずタイの買春全体でもっとも多いのは、タイ人である。観光客が多く集まるゴーゴーバーなどは無数に点在する売買春スポットとしては少ないほうで、大多数はタイ人向けの売春宿である。VGCDで出会った子どもの話では、買春するタイ人の職種はさまざまで、僧侶、大学教授、医者、学生、NGOのスタッフも含まれるという。また、一般的に、タイ人はタイ人を相手に選び、そのルートはある程度確立されているという。差別意識があるためか、観光客、とくに欧米系の観光客は、山地民ではなく、タイ人の子どもを好むようだ。
　欧米系の観光客は、売春宿ではなく個人的な取引を好む。路上から、ビア

バー、ホテルに至るまで、多くの客引きの形態が存在する。男性が男児を好んで買う場合も多く、チェンマイ在住の外国人によってルートが確立されている。例外的に集団での移動を好む観光客もいる。日本人向けには限られた売春スポットがあり、料金は他と比べものにならないほど高いという。

3　児童労働の現状──VGCDの活動を通して

　VGCDはストリートチルドレンの救済を目的としたチェンマイで唯一のNGOである。1997年に設立され、中心スタッフ3人、補佐スタッフ5人で運営され、チェンマイ県とチェンライ県で活動している。

　私が主に関わったアカ族の子どもたちの多くは、観光客相手に1日約300～500バーツの物乞いか、一本5バーツの花を100本[2]売り歩くことを強いられている。多くは親類や親と暮らし、修学する機会を与えられていたとしても、深夜まで続く労働のため、実際には学校に通えない子どもが多い。

　数人は親から性的虐待も含めた虐待を受けており、多くの子どもが比較的乱雑で、暴力的な側面を持つ。代表者によると、幼くして近親者から性的虐待を受けた子どもの多くは心に深い傷を負い、社会に順応できず、セックス産業に就く確率がきわめて高い。12歳で観光客を相手に売春している男の子もいた。VGCDのスタッフの話では、そうした子どもは仲間欲しさから年下の子どもを売春の道に誘う傾向がある。

　両親からの暴力を避けるため、仕事を終えた後も家に帰らない子どももいる。彼らは繁華街に点在するビリヤード店や路地裏にたむろし、10歳前後で喫煙を覚え、ドムガオと呼ばれるシンナーや、ヤーバーと

チェンマイのNGOにやってくる子どもたちと　　　　（2002年、NGOで撮影）

2）1バーツは3円。ちなみに、農村でタケノコを一日40キロ売ると約180バーツの収入になると、農民に聞いたことがある。

呼ばれる安価なドラッグに走る。親から強制され、泣きながら物乞いをする子どもにも、何度か出会った。彼らはノルマを達成するまで家に帰れない場合が多く、不規則な生活を余儀なくされる。道端で寝たり、危険な麻薬ルートや児童売春と関わりを持つようにもなる。

　夜のフィールド調査に出掛けると、多くの場合、子どもたちの後ろに母親の影を見る。母親は彼らのもっとも身近な仲買人であり、監視役でもある。父親は無職や麻薬中毒者であることが多く、深夜の労働は子どもと母親で行われている。観光客から同情を引きやすい子どもが表に立ち、母親は子どもに指図する。ときに子どもが反抗的な態度を取ると、ものすごい勢いで怒鳴り散らしたり顔を叩く。私はそうした現場を何度か見た。また、親が離婚と再婚を繰り返す結果、腹違いの兄弟姉妹を持つ場合も多い。同世代の子どもたちが芋づる式に危険な状況に陥る可能性も比較的高くなる。

　一方タイ人の子どもたちは、家族や親族との関わりはなく、友人や兄貴分とのつながりが強い。彼らの多くは、橋の下、国立公園、広場のステージ下などで数人の共同生活をしている。自分の出生地や家族の所在を知らず、タイ政府が運営する孤児院から逃げ出してきた子どももいる。

　多くの場合、家庭崩壊が原因で家を飛び出し、家族から裏切られたという思いからか、真実の愛をいつも求めているように見える。自ら危険な生活を好み、刹那的な行動も多く、自殺未遂経験者も無数に存在する。スタッフの話では、ストリートチルドレンは麻薬の常習率もHIV/エイズの感染率も高いという。それは、彼らの多くが売春を生業とすることにもよる。

　VGCDは宿泊施設を持っていないが、緊急に宿泊させる場合もある。私が体験学習をしていたときに宿泊させた子どもは、ほとんどがタイ人だった。彼らは親族や親がいないためか、あるいは集団心理か、行動に歯止めをかけることを苦手としている印象を受けた。麻薬や窃盗で警察に捕まった子どもは5人で、犯罪行為を心の支えにしている子どももいるらしい。タイ人のグループに関しては、若者も対象としている。その多くは30歳前後までしか生きられず、死因のほとんどはHIV/エイズ感染だという。

　2001年度にVGCDに関わった子どもたち計227人の児童労働の状況を表1にまとめた。

表1　2001年度にVGCDに関わった子どもたちの児童労働

職業	年齢 5〜14歳	年齢 15〜18歳	年齢 19〜25歳	性別 男	性別 女	民族 タイ	民族 山岳民族	民族 ラオス
花売り	18%(40)	1%(2)	0	8.5%(19)	10%(23)	1%(1)	18%(41)	
売春	9%(20)	11%(24)	9%(21)	21.5%(48)	7%(17)	21%(49)	7%(15)	1%(1)
麻薬売人	0.5%(1)	21%(5)	5%(12)	7%(16)	1%(2)	6%(14)	2%(4)	
物乞い	4%(10)			4%(10)			4%(10)	
その他								
死亡	0.5%(1)	0.5%(1)	1%(3)	1%(3)	1%(2)	2%(5)		
無職	4%(10)	1%(3)	1%(1)	4%(10)	2%(4)	3%(7)	3%(7)	
不明	3%(10)	10.5%(22)	9%(20)	13.5%(29)	9%(21)	17%(38)	5%(12)	
正規の仕事	1%(2)	4%(10)	5%(11)	7.5%(17)	3%(6)	9%(20)	1%(3)	
合計	40%(92)	30%(67)	30%(68)	67%(152)	33%(75)	59%(134)	40%(92)	1%(1)

（注）（　）内は実数。
（出典）Anuchon Huansong, *Networking organization to help homeless and deprived children of Chiang Mai*, 2001, pp.45-46.

4　今後の課題

　児童労働と児童売買春の多様化は、経済発展を続けるタイ社会を反映しているように思う。その解決に向けては、さまざまな課題が残されている。

　山地民への対応に関しては、まず国籍の問題がある。現在、タイ国籍保持者は、あらゆる医療行為を一律30バーツで受けられる。修学証明書や労働条件向上のための手段も、国籍の有無によって異なる。国籍を持てれば、より良い生活への可能性が無数に生まれる。具体的には、山地民ごとに適切な政策を打ち出すことである。

　次に、国をあげての意識の向上と教育である。VGCDスタッフによると「タイにストリートチルドレンが存在するの？」「ストリートチルドレンって

何？」と一般のタイ人がささやくのをよく耳にするという。児童労働に対する知識と意識の向上、そして物欲主義、家庭崩壊、麻薬売買、HIV／エイズの拡大と児童労働の関連を、身近な問題として捉えていく必要がある。

では、VGCDの課題は何か。真っ先に思い浮かぶのは、活動の安定性とそれに見合った成果である。スタッフたちは子ども一人ひとりを思いやり、愛し、個人として認めている。それは素晴らしいが、全体の成果になかなかつながっていないように見える。課題は次の３点に整理できる。①法的な強制力を持たないなかで、子どもをどう救うか、②スタッフ数が限られるなかで、活動をどう安定させるか、③社会的変革をどのように起こすか。

私は、タイ人や外国人観光客のほか、さまざまな人々へのアプローチを増やすことで解決できるように思えた。なぜなら、そうしたアプローチは人々の問題意識を高めるだけでなく、理解者を増やすことで自己資金の獲得につながり、子どものニーズに対応し得るネットワークづくりにも役立ち、ひいてはそれらが組織の安定した活動と成果につながるからである。

「なぜストリートチルドレンが生まれるのか」により焦点を当てて啓発し、資金拡大のために組織を宣伝し、目に見える成果をあげていくことが大事なように思える。代表者の話では、将来的には財団化し、組織の安定と法的権限の拡大をはかるという。それは子どもに対する権利が拡大することでもあり、理想的だろう。

5　本当に学んだこと

私にしかできないアプローチは何か。それは、日本国内に向けた情報の発信と、チェンマイで活動する組織への間接的かつ継続的な援助ではないだろうか。チェンマイの児童労働や児童買春が日本人とまったく無縁でないことを実感し、その形態を多少なりとも理解した今、搾取する側の国の人間として、それを日本社会にどのようにつなげていくか、継続的な支援を行うにはどうしたらいいかを葛藤し続けることが大切なように思う。帰国後、ここでの活動で学んだことが無にならないようにしたい。

タイを訪れ、初めて児童労働・児童買春の現実を目の当たりにした。しか

し、最後に言っておきたいのは、彼らの生活は必ずしも辛く、暗く、寂しいばかりではないということだ。たしかに、上述してきた内容は苦しみに満ち、子どもを取り巻く問題は山積みのように見える。それでも、子どももスタッフも、毎日を強く生き抜き、多くの場合、その時間を楽しもうとしていた。

体験学習中、私自身の感情は何度も大きく揺れ動いた。泣きながら物乞いをしている子どもを見たとき、子どもの背中に無数のタバコの火傷があったとき、手首にある無数の傷を見たとき。そのときの胸のつまり、無力感は、おそらく一生忘れられない。一方で、子どもと笑い、ライフスキルトレーニングを通したゲームで一緒に無邪気に遊んだ時間、NGOでともに絵を描き、テレビを見た時間、キャンプで水遊びをし、ご飯を食べた時間もまた、一生忘れられない。

そして、私がVGCDで生活し、学んだことは、チェンマイの児童労働・児童売買春の実態だけではないかもしれない。もっとも学んだのは、身近にいる人を思いやること、楽しむこと、辛いことをみんなで分かち合い、乗り越える力を持つこと、あるいはコミュニケーションの大切さや、忍耐力、想像力、継続力であったように思う。それは、タイでVGCDに行かなければわからなかったことだ。そして、児童労働・児童売買春という枠組みでは決して語りきれないものである。

個人的に辛いことはたくさんあった。子どもの問題に対して何もできない自分の無力さはもちろん、初めて海外で長期間生活する精神的ストレス、健康の問題、スタッフや友達との人間関係、体験学習をする難しさ……。しかし、そこから学べたこともたくさんある。タイで起こったすべてのこと、タイで会ったすべての人、とくに子どもたちとそれを支えるVGCDのスタッフたちに感謝しつつ、この報告を締めくくりたい。

金子 由佳（かねこ ゆか） 1980年生まれ、日本国際ボランティアセンターパレスチナ事業現地調整員
〈2002年度参加〉
日本国内の難民・移住者支援の仕事を経て現職へ。もともとNGO職員志望で、海外で「現場」に近い経験をしたいという理由で長期FSに参加した。途上国での生活体験が、その後の活動における自信につながっている。メンタルやフィジカルケアも含めて、人の役に立つためには自分がしっかりしないといけないと身をもって学べたし、現場経験に基づく意見を言えることが強みになっている。

7　メコン川流域の子どもがかかえる課題
●人身売買被害者と生活して●

河野　有里子

1　タイ北部の人身売買

　中学生のとき、テレビのニュース番組でストリートチルドレンの特集を見た。小さい女の子が学校に行きたくても行けず、家族を支えるため、小さな弟を背負い、道路でごみを拾っていた。その映像は今でも脳裏に焼きついている。大学で国際社会の勉強をしようと思ったのも、それがきっかけだ。

　体験学習のテーマは、授業で見たビデオ[1]が取り上げていた人身売買に決めた。子どもが直面し、日本とも関連しているからである。日本は人身売買の「受入大国」と言われている。日本に送り込まれてくるなかではタイの女性の割合がもっとも高く、子どもも多い。なかでも、私は被害者の保護に焦点を当てることにした。なぜなら、被害者の多くは不法滞在者とされ、何のケアもなく強制送還させられると聞いたからである[2]。

　私が体験学習したMRICRH（Mekong Regional Indigenous Child Rights Home）で保護されている子どもたちは人身売買、レイプ、虐待、児童労働などの問題をかかえていた。そこで、MRICRHが活動対象としているメコン川流域の子どもたちが直面する問題をテーマにすることにした。

　人身売買は、2000年11月15日に国連によって採択された「人身売買禁止議定書」[3]の第3条に定義されている。

　「「人身取引」とは、搾取の目的で、暴力その他の形態の強制力による脅迫若しくはその行使、誘拐、詐欺、欺もう、権力の濫用若しくはぜい弱な立場に乗ずること又は他の者を支配下に置く者の同意を得る目的で行われる金銭若しくは利益の授受の手段を用いて、人を獲得し、輸送し、引き渡し、蔵匿し、又は収受することをいう。搾取には、少なくとも、他の者を売春させて搾取することその他の形態の性的搾取、強制的な労働若しくは役務の提供、奴隷化若しくはこれに類する行為、隷属又は臓器摘出を含める。（中略）「児

童」とは、18歳未満のすべての者をいう」

なお、この議定書が採択されてから、マスコミや研究者の間では、人身売買に代わり、「人身取引」という言葉が使用されるようになった。しかし、本論文は性的搾取された子どもに注目していることから、従来どおり「人身売買」という用語を用いることとする。

北部タイの人身売買には大きな特徴が二つある。被害者が山地民に多いことと、被害者の多くが性産業に従事させられていることである。タイ政府は性産業が観光客を呼び寄せる主な要素と考えており、性産業を禁止していない。性産業のかなりの部分はホテル、レストラン、旅行会社とつながり、こうした企業は政府がスポンサーの観光推進キャンペーンに後押しされている。北部タイには近隣地域から現金収入を求めて山地民が集まる。人身売買のブローカーにとって、性産業の危険性に関する知識の少ない彼らを引きずり込むことは容易である。

2　MRICRHの活動

私が約2カ月半体験学習したMRICRHは2002年11月にAsia Foundation（USAID）の協力で、NGOのDEPDC[4]（Development and Education Program for Daughters and Communities Center）によって、チェンライ県のメーサイに設立された。運営は政府組織のチェンライ県山地民福祉開発センターと共同で行い、米国大使館からも資金援助を受けている。スタッフ4名、ボランティア2名で、被害者の子どもたちを保護してきた。

---

1)『トラフィッキング～闇の人間取引ビジネス～』警察庁生活環境課、2003年。
2) 法務省入国管理局は、被害者が日本への在留を希望する場合には、諸事情を総合的に考慮して在留特別許可を与えることもある（2005年7月現在）。
3) 正式名称は「国際的な組織犯罪の防止に関する国際連合条約を補足する人（特に女性及び児童）の取引を防止し、抑止し及び処罰するための議定書」。2003年12月15日より条約としての効力が発生し、組織犯罪の根絶に向けた国際協力の促進を義務付けている。
4) 作家の稲垣三千穂さんとソムポップ・ジャントラカさん（タイ）によって、つくられた。日本語名は「娘たちと地域の開発・教育プロジェクト」。

北部タイでこの活動をする理由は、近年この地域のメコン川流域で人身売買が急増しているからである。経済格差、消費主義の拡大、民族差別などさまざまな要因があげられる。被害者の多くは山地民や農村出身者である。以下、活動内容を紹介していく。

①子どもの権利の啓蒙

　子どもの権利を守るための啓蒙活動に力を入れている。子どもの権利が守られれば、人身売買や虐待などの問題は起こらないと考えるからである。山地民の村や農村に出向き、権利の重要性を説いている。体験学習中に行われた会議では、警察・学校・政府機関・村の行政組織関係者ら100人が参加し、「子どもに関する仕事をしている人々の視点から見た子どもと青少年の問題・現状」についてディスカッションした。こうした会議は、参加者同士のネットワークづくりの場にもなっている。

② 24時間対応の緊急・相談電話サービス「CHILD LINE ／ HOT LINE」

　人権が脅かされる状況にある人に関する通報を24時間受け付ける。電話は事務所内に設置され、スタッフは24時間常駐している。2005年の統計では、1カ月平均4.5回ずつの電話、手紙・FAXによる通報があり、そのほとんどはNGOをはじめとする団体からである。

　一時保護した子どもをMRICRHが運営するシェルターで保護できるかという要請が多く、保護シェルターが少ないことがわかる。本人から「親に売春を強要されている」、学生から「売春したことを学校に知られて退学させられそう」、親から「娘が軍人、警官からセクハラを受けた」、一般市民から「あの売春宿で子どもが働いている」などの通報も受けた。店名を特定して、「娘が働いているから助け出してほしい」という通報もあったという。

③被害者の保護シェルター「HALF WAY HOME」

　この運営がもっとも重要な活動である。2006年1月17日現在では、生後約1カ月〜18歳の19人が保護されていた。女の子が19人で、12歳以上が11人。MRICRHの事務所に隣接しており、台所、勉強部屋(屋外)、宿泊所がある。12〜14歳の4人は近くの小学校に通い、残りはほぼ毎日シェ

ルター内で過ごす。年上の子どもが年下の子どもたちの面倒をよくみているが、叱るときは厳しい。私が体験学習をしていた間には、3人ずつ入所と出所があった。

2階建て宿泊所は1階が広いスペースで、2階に大小合わせて9つの部屋(5～8畳)があり、1～5人が寝泊りする。どの部屋にも新聞から切り抜いた芸能人の写真がたくさん貼られ、日本の同年代の子どもたちと変わらない。壁が薄く、隣室の話し声は筒抜けなので、一人で静かに過ごす時間はほぼない。男の子の宿泊所は入り口が違う。

三度の食事は12～18歳が担当し、みんな上手に作る。材料はスタッフが買ってくるが、何を作るかは子どもたちの自由だ。朝はおかゆや炒めたご飯、昼と夜はご飯とおかず2～3品が通常のメニューで、食材のほとんどは野菜である。子どもたちの健康を考えてのほか、予算の都合で野菜中心にせざるを得ないようだ。レイプや売春で妊娠してしまったり、出産直後の少女(14歳と15歳)も暮らしている。妊娠中は同じ食事だったが、出産後1カ月間は毎食ゆで卵2個と白米しか食べていなかった。辛いタイ料理は母乳によくないからだというが、栄養面では問題があると感じた。

子どもたちの多くは学校へ行っていないので、ボランティアの女子大生やスタッフが勉強を教えている。主にタイ語と算数だ。タイ語は、タイ文字の書き方と読み方。子どもたちはタイ語の読み書きはあまりできない。算数では、足し算・引き算は手を使い、掛け算・割り算は表を見て答えを書き写す。

子どもたちは思いのほか勉強熱心で、とりわけ言語に強い関心を持っている。それは、多くが山地民出身で、母語とタイ語の2言語を操っているからかもしれない。私は体験学習中、「これは日本語で何て言うの？」と毎日質問されていた。そのとき私が「これは母語では何て言うの？」と聞き、教えてもらった単語を繰り返すと、うれしそうに笑っていた。自分の母語を教えるのは楽しいらしい。

④リハビリとカウンセリング

子どもたちは入所するまで過酷な状況に置かれていた。MRICRHでは、特別なリハビリを行うのではなく、普通の生活を通して心の傷を徐々に癒し

ていくよう心がけている。

　入所すると、スタッフが生い立ちや家族のことなど簡単な質問をする。これをカウンセリングと呼んでいる。ときには、病院で専門家が子どもと話す場合もある。過去に学校へ通った経験がない子どもはIQテストを受ける。スタッフは日常生活での会話や作業をカウンセリングと考えており、忙しい仕事の合間をぬってコミュニケーションをはかっている。なお、社会復帰のための職業訓練はほとんど行っていない。それは、多くが騙されて被害にあっているため、騙されないような力をつけことを最優先するべきだと考えているからである。

　⑤追跡調査

　子どもたちを保護している間に進める「帰宅準備のための調査」と、出所後どんな生活を送っているかの「帰宅後の調査」がある。子どもたちの加害者が両親や親類、知人であることも少なくないので、前者は時間をかけて慎重に行う。後者は、出所の2カ月後にスタッフが自宅を訪れて行う。国外の子どもの場合は、その国のNGOや政府と協力して進める。そのため、日ごろから近隣地域とのネットワークづくりに力を入れている。

3　メコン川流域の子どもたちが直面する問題

　保護されている子どもたちのほとんどは学校へ通わずに、両親の手伝いや妹弟の世話をしていた。MRICRHでは、子どもたちが入所するまでの経緯を人身売買、虐待、社会問題に分類している。人身売買は売春・労働、虐待は搾取的労働・家庭内暴力、社会問題はレイプ・親が服役中・孤児・違法労働に分けられる。実際にはこれらが複雑に絡み合っており、大半のケースが複数の問題の被害者である。以下、少女たちの具体的事例を紹介する[5]。

　①人身売買(売春)——中国・雲南省、タイルー族、16歳
　村にブローカーが来て、子どもをタイで働かせないかと両親に持ちかけた。仕事の内容は偽り、ブローカーの多くは親類や知人のため、不信感を抱

きにくい。移動は人身売買専用ルートを使う。受け取り地点へ直行せず、数カ所のポイントを経由し、それぞれ異なる受取人が待っていることが特徴だ。中国の少数民族はパスポートを持っていないので、偽造パスポートを購入する。そのため、足取りはつかみにくい。その後、売春宿に売り渡される。逃げ出そうとすると監視役から暴行を受け、死に至ることもあるという。

②人身売買（労働）——タイ・チェンライ県、14歳
6人きょうだいの3番目で、父親はバンコクで大工、母親はチェンライのレストランで働いているという。ラオスへ売られて働いているところを警察に保護された。本来はラオスの施設へ収容されるが、空きがないためMRICRHで保護された。

③社会問題（レイプ）——タイ・チェンライ県、リス族、14歳
義父、母親、5人のきょうだいで暮らしていた。自宅で義父にレイプされ、妹とともに保護された（妹も同じ危険性があるため）。保護後、病院で検査を受けて妊娠が発覚したが、中絶[6]をするには時期が遅く、出産した。義父は逃走中である。彼女が赤ん坊と妹を指差し、「ポー　ムアンカン（お父さんが同じ）」と言ったので、彼女が義父にレイプされたことをが判明した。

④社会問題（違法労働）——中国・雲南省、ルア族、14歳
一家でバンコクへ移住し、両親の仕事を手伝っていたが、国民証（IDカード）も労働許可証[7]も持たずに働いていたため、警察に捕まる。未成年のため逮捕はされず、MRICRHで保護された。当初は精神的に追い詰められて

---

5) MRICRHは被害者の子どものプライバシー保護を最優先しているため、保護された経緯は明らかにしていない。したがって、私が得られた情報はわずかで、またすべて正確とは限らない。
6) タイでは中絶は違法行為。ただし、レイプされ、母体に重大な影響を及ぼしたり胎児に異常があった場合のみ、合法化される。
7) 「外国人労働証」と呼ばれ、ビルマ・ラオス・カンボジアからタイへの不法入国者が申請すれば、27種類の職種に就ける。

おり、危険な状態だったという。その後、両親のいるバンコクへ戻った。

● 被害者の共通点

　第一に、圧倒的に少女が多い。とくに、人身売買に関しては買取先が売春業関係であることが多く、バイヤーにとって格好の餌食である。彼らが成人女性ではなく好んで少女を買うのは、騙しやすく、反抗が少ないからである。需要側（売春宿・客）も少女を求めている。彼らは少女のほうがエイズや性病のリスクが低いと考える。幼い子どもや処女と性行為をすれば長生きするという迷信が信じられている国もある。

　第二に、山地民が多い。やはり「扱いやすい」からであると考えられる。経済発展の影響で自給自足の生活を奪われた今、現金収入が必要である。しかし、国籍を持たない彼らが安定した収入を得られる職に就くことは難しい。窮地に追い詰められた結果、危険な仕事とわかっていてもやらざるを得ない。仮に、やりたくないとか辞めたいと思っても、教育を受けていないため回避する方法がわからない。

　それに拍車をかけるように、民族差別が彼らをタイ社会の外へ外へと押しやる。加害者はそうした弱みに付け込んで彼らに接近し、いざとなると脅しにかかる。山地民という社会的弱者の中でも、さらに弱者である子どもたちは、より過酷な状況におかれていく。

　第三に、加害者は両親や親類、あるいは知人が多い。実際、MRICRHで保護される子どものほとんどは加害者が親や知人である。レイプや虐待はその典型だ。人身売買の場合は、バイヤーによって親も騙されているかもしれないが、現金を得るために子どもを売ったという事実に変わりはない。

　その原因は、彼らが子どもをモノとしか見ていないからである。現金、性行為の道具、ストレスのはけ口など、子どもは彼らの都合のいい所有物になっている。こうした問題が後を絶たないのは、被害者である子どもが親に反抗できない、もしくはしないからである。

　子どもにとって、親は尊敬する人である。搾取的・強制的労働をさせられても、子どもが親を手伝うのは当たり前だと考える。そして、もっとも皮肉なことに、子どもたちにとって、どんな親でも親なのである。

4　問題の解決に向けて

●MRICRHの役割と課題

「グローバル化社会」「情報化社会」と言われる昨今、私たちは本当に世界のあらゆることを知ることができているだろうか。私はむしろ、自分が関心を持つこと以外を寄せ付けなくしている気がする。

たとえば売春に関してはどうだろう。私たちは、売春は売春宿でされるものだと思っている。実際には、レストラン・カラオケ店・マッサージ店・路上・インターネット……と多様化している。しかし、自分が関心を示さなければ「売春＝売春宿」のままで終わってしまう。

それはとても怖いことだ。すでに述べたように、子どもたちを問題に巻き込んでいるのは、子どもの身近にいる人たちである。だが、多くの人たちは、見ず知らずの人が親や子どもを騙していると思っているだろう。それではいつまで経っても問題の根本が見えず、解決には至らない。

MRICRHでは、保護している子どもたちがどのような境遇に置かれていたのか、またそれはなぜかを、多くの人に知ってもらうように努めている。それが問題の予防になると考えているからだ。子どもの身近にいる人はもちろん、すべての人に知ってもらうことを目指している。

ここで注目すべきは、MRICRHが他のNGOとは違い、半官半民の組織であるということだ。通常、NGOが主催する会議の出席率はかなり低い。しかし、MRICRHが主催する会議は、政府の呼びかけだから予想以上に人が集まる。この点からも、多くの人に子どもたちの実態を伝え、協力を呼びかけることができると考えられる。

ただし、半官半民の組織であることが活動の妨げとなるときもある。たとえば、政府組織は基本的に土曜・日曜に仕事をしない。MRICRHで保護している子どもの帰宅準備が整い、父親も迎えに来たため、ついに帰宅かと思ったら、「今日は土曜日で仕事が休みだから、帰宅させることはできない」と言って父親を追い返したことがあった。子どもは月曜日まで待って帰宅したが、私は憤りすら感じた。何のためのMRICRHなのだろうか。

たしかに政府組織は順序だてて物事を進めなければならず、時間がかかる。しかし、保護されている子どもがもっとも望むのは、一日も早い帰宅である。政府組織にMRICRHの活動の理解を深めてもらうことと、政府組織との協力体制の見直しは、早急に行わなければならない課題である。

● 家族の大切さ
　子どもたちと生活して一番印象に残ったのは、子どもたちが毎日のように「キトゥン　バーン(家が恋しい)」「キトゥン　メー(お母さんが恋しい)」と言っていたことである。子どもたちが輪になって話しているとき、ふらっと離れた場所へ行き、涙を流す子どもがいた。私が「どうしたの」と聞くと、「家に帰りたい」と言う。そんなとき、彼女を抱きしめてあげることしかできない無力な自分と、「どうして彼女がこのような思いをしなければならないのか」という疑問が、頭の中を交錯していた。
　また、子どもたちは私が何気なくぼーっとしていると、すかさず「家が恋しいんでしょ？」と聞いてくる。私は好きでMRICRHにいるわけだし、プログラムが終了したら帰る。しかし、子どもたちが「家が恋しい」と同じくらいよく言う、「ここ(MRICRH)は面白くない」という言葉が表すとおり、家族と離れて暮らす彼女たちにとっては、MRICRHにいること自体が「被害」であるのかもしれない。
　子どもたちがMRICRHで保護されている原因を作り出しているのが親や知人であることは、事実である。それでも、家と母を恋しがる様子を見て、子どもにとっての家族の大きさを改めて考えさせられた。

5　子どもたちの笑顔

　体験学習中、言葉の壁や人間関係で悩むことはほとんどなかった。それは、MRICRHであったからだと思う。保護されている子どもたちはそれぞれ自分の故郷を持ち、言語を持ち、文化を持っている。そこに日本人の学生が一人加わったところで、子どもたちの生活は何も変わらない。そんな環境が私には過ごしやすかった。

子どもたちは私に多くのことを教えてくれた。とくに楽しかったのは、タイ語、中国語、日本語、ラオス語、リス語、タイヤイ語の言語合戦だ。一つの単語を誰かの言語で「何て言うの？」と聞くと、「じゃあこの言語では？」となっていく。一度にこんなに多くの言語が飛び交うのは MRICRH ならではである。また、私は就寝時以外ずっと子どもたちと一緒に生活していたため、タイ料理の作り方と赤ちゃんの面倒の見方には自信がついた。体験学習でこのようなスキルが身につくとは思っていなかったので、予想外の収穫である。

　だが、つらいこともあった。4歳の男の子からのちょっかいだ。棒で叩いてきたり、足でお腹を蹴ってきたり、耳の中にツバをはいてきたり……。そして、最後は決まって「ザマアミロ！」と言われる。「どうしてそんなことするの」と思うようなことばかりで、本気でイライラすることもしばしばあった。しかし、押山先生に「誰かにされたことがなきゃ、この子だってそんなことしないよね」と言われ、改めて子どもたちのことを考えさせられた。

　子どもたちは本当に優しい。過酷な体験をしてきたのに、どうして他人を思う気持ちを持ち続けられるのか私には不思議でたまらなかった。そして、その笑顔が一生奪われることがない世界を作らなければと誓った。

　長期 FS に終わりが見えてきた今、一番感じることは、自分はつくづくたくさんの人に支えてもらっているのだなということである。私は日頃から自分にとってもっとも大切なものは「人との出会い」と思っていたが、タイでは毎日がその連続で、もう持ちきれないほどいっぱいである。21年間生きてきて、こんなに毎日がドキドキしていたことはなかった。泣いたり、落ち込んだり、腹が立ったりすることもあったが、今はそれをひっくるめてすべてが楽しかった。反省はたくさんあるけれど、それを今後の課題として、この5カ月間を締めくくりたいと思う。

河野　有里子（こうの　ゆりこ）　1984年生まれ、旅行会社〈2005年度参加〉
FS への興味から恵泉に入学。長期 FS での経験から、「世の中にはいろいろな人がいていい」ということを学んだ。自分と違う意見や行動を拒絶せず、素直に認められるようになった。また、海外と関わりのある仕事につきたいと考え、旅行会社を選択した。

8　ビルマからタイに移動する人々と Mae Tao Clinic
● 女性たちの人工妊娠中絶問題の考察も含めて ●

吉野　都

1　はじめに

　ビルマ難民という存在を知る日本人は少ない。ビルマ難民／避難民が発生してから50年、国際社会の中で、もはや彼らは「忘れられた難民」になりつつある。今回タイ長期 FS に参加し、この問題を勉強してみようと思ったのは、「開発」が進むタイの中でその恩恵を最も受けることができない人々は、難民／避難民なのではないか、という疑問を持ったからである。

　私が研修をした Mae Tao Clinic（以下 Clinic）は、タイに住む約13万人のビルマ難民、タイ側国境の町メソットに滞在する不正規労働者約10万人、ビルマ軍事政権（SPDC：国家平和発展評議会）に追われて国境付近のジャングルで暮らす約300万人のビルマ国内避難民[1]などのために保健・診療活動を行うクリニックである。1989年に Dr. Cynthia によって設立された。

　体験学習先をこの Clinic にしたのは、私自身が看護師でもあり、難民／避難民のための保健医療を勉強したいと思ったからだ。しかし、Clinic とチェンマイ大学で学ぶ中で、Clinic の理念や Clinic に訪れる人々の背景を探ることは、ビルマに住む人々が抱える社会問題を考察する大切な手段でもあることに気がついた。国境が存在するとき、ときに人はほとんど無力である。一方で Clinic のように、国境線を超えて活動する人々がいる。ビルマから「平和」や「豊かさ」を求めて、人々はタイにやって来る。

　Clinic のリプロダクティブ・ヘルスコーナーで働かせていただいたのは、国境を往来する多くの女性や出会ったビルマから働きにやって来た彼女たちの現状を知りたい、共感したいという思いがあったからだ。実際に働いてみると、女性たちの過酷な状況がひしひしと伝わってきた。

2　移動してきた人々

●少数民族の闘いと民主化運動

　メソットは、バンコクから約200km北西に位置する国境の町である。中心部からビルマとの国境線までは乗合タクシーで15分ほどだ。Clinic は、国境への目抜き道路沿いに位置している。この町で61歳のカレン人 Saw Yin Mg 氏に話を聞いた。以前は教師で、1970年代初頭から20年間、カレン民族同盟（KNU）の兵士として戦場に赴いたという。Saw 氏によれば、難民発生の原因は50年前から続くビルマ軍事政権の少数民族弾圧にあった。

　Saw 氏は、Clinic の入り口に毎日腰を掛けて英語と片言の日本語を操り、来客たちに一輪ずつ花を渡す。彼が「ミヨトウカイノソラアケテー」と日本の軍歌を歌うのは、1940年代初頭に日本軍がビルマに軍政を施行した時、日本兵に教えてもらったからだ。

　一方でビルマの旧宗主国イギリスは植民地支配の手段として、「分割統治[2]」を行ってきた。少数民族の多くは、キリスト教信者で植民地政府の役人として働いていたため、ビルマ族にとっては「イギリスの手先」とうつり、両者の間には嫌悪感が積もっていった。これが「分割統治」のねらいなのであろう。

　1948年1月、独立国家ビルマ連邦が発足する。しかし、ビルマ族にひどい仕打ちを受けた少数民族は、「分離独立」「大幅な自治獲得」を掲げて反政府武装闘争を開始する。ビルマ中央政府による自治権を認めない少数民族政

---

1) 国連難民高等弁務官事務所（UNHCR）の「国内避難民」の定義は「迫害や紛争、暴力を受けることなどが原因で、故郷において窮地に陥った状態にあったため、住みなれた土地を離れたものの、国境を超えず国内に踏みとどまっているもの」。その概念が国際法上明確に位置づけられていないため、法的保護が受けられず、組織として人道的な援助が行き渡っていない。

2) マジョリティであるビルマ族（人口比69％）にはイギリス総督による直接統治、カレン・シャンなどの山地民には従来のような封建的な権力者を残す間接統治を行うという統治形態。

策を不満とする KNU は、1949 年から民族自治を要求して反政府武装闘争を開始、後にシャン族やカチン族も続いた。それに対してビルマ国軍は徹底的に鎮圧し、ときに一般市民に対する虐殺も含む内戦状態になる。1960 年代のネ・ウィン独裁政権時代には、シャンやカレンなどの 7 つの民族自治州が置かれたものの、自治権はなく、武力で抑えこまれた。

「カレンの村が火の海になり、女性や子どもを含む多くの民衆がタイ側に逃れて行くのを 20 年間見つめ続けた」

やっとの思いでタイにやって来た人々には、難民としての生活が待っていた。1995 年にカレン州にある KNU の総司令部マナプローが陥落したときには、難民の総数はおよそ 7 万人に上った[3]。Saw 氏はマナプローの陥落を契機に姪の勧めもあって兵務を引退し、メソットに移り住んだ。

Clinic を設立した Dr. Cythia がタイに渡ってきたのは、1988 年に起きた軍事政権に対する大規模な民主化要求運動と関係している。「建国の父」アウンサンの娘、スーチー女史を中心とするこの運動を国軍は武力で鎮圧し、約 1 万 1000 人の犠牲者が出たといわれる。多くの学生や活動家はタイ国境の KNU キャンプなどに逃げたり、タイ経由で第三国の定住を目指した。Dr. Cynthia もその一人である。彼女はキャンプの仮設クリニックの責任者として働いた後、メソットに小さな無料診療所を 6 人の仲間と設立した。それが、現在の Clinic の始まりであった。

● 難民なのか、避難民なのか、不正規労働者なのか

Saw 氏と Dr. Cynthia は、法的にタイ政府から認定を受けた「難民」ではなく、「難民のような (Like-refugee) 避難民」である。したがって、UNHCR や国際赤十字の保護を受けられない。また、Dr. Cynthia は難民認定を自ら受けない。難民認定されれば、キャンプからの外出や行動をタイ当局に制限され、多岐にわたる活動に支障をきたすからだ。

2000 年現在、タイ・ビルマ国境沿いには 26 の難民キャンプが点在し、約 12 万人のビルマ難民が生活している。そのほとんどが少数民族で、9 万人弱がカレン難民である。ただし、難民や避難民の数を明確にすることは容易でない。両国を移動し、ときに隠れ住むことも余儀なくされる。一方で、

貧困下のビルマからタイに労働機会を求めてくる「不正規労働者」が1990年代から増加し始めた。入管管理局では一日滞在許可が得られるため、入国してそのまま居着くのだ。不正規労働者には帰る家があるが、難民・避難民には帰る家がないか、あっても家族が無事とは限らない。

3 Mae Tao Clinic の活動

● 治療から育成まで

Dr. Cynthia は「Clinic を開設したとき人道的な活動を行うことで軍事政権と闘おうと決心した」と語る。70名のスタッフ[4]は全員ビルマからやってきた。民族はいろいろである。32歳のカレン人女性は「ここで働いていることがビルマの民主化革命に参加していることなのだ」と熱く語った。

Clinic の理念は、宗教や民族を問わず、ビルマの難民や避難民や不正規労働者たち、そしてビルマに住んでいて保健医療が十分に受けられない人々に対する保健医療の提供である。具体的には、ヘルスケア（外来・入院の受け入れ）、健康教育（母親への栄養教育や母乳指導、家族計画など）、ヘルスワーカーの育成、リプロダクティブ・ヘルス[5]などである。

1999年には約2万6000人が訪れた（対前年比38％増、10年間で約15倍）。診察料は基本的に無料で、対処できない重症患者はメソットの病院に搬送される。主な疾患は、肺炎などの呼吸器感染症、下痢症、マラリア、子どもの栄養失調、外傷などである。

---

3) 山本宗輔『ビルマの大いなる幻影――開放を求めるカレン族とスーチー民主化の行方』社会評論社、1996年。

4) 医師5名（ビルマ人3名、オーストラリア人1名、カナダ人1名）と、カナダ人検査技師1名が常勤で、ドイツ人とタイ人の助産婦がボランティアでときどき訪れる。

5) 日本では「性と生殖に関する健康」と訳される。子どもを産むか産まないかを決定するのは女性自身であり、体と性の自己管理について必要な保健サービスや情報や手段は一生を通じて権利として保障されなければならない、という考え方。

近年は、こうした疾患の予防教育に力を入れている。たとえば、マラリア予防のポスターを貼る、ヘルスワーカーが紙芝居を見せながら母乳の効果や子どもに必要な栄養について説明するなどである。ヘルスワーカーの育成は最も重要な戦略のひとつだ。1年間、実地で診察、薬の処方、外科処置、出産介助などを学ぶ。70名が学んでいた。研修終了後は、Clinic で働く、他のNGOに就職する、ビルマの村に帰って活動するなど、さまざまだという。ビルマは軍事政権下で大学などの専門教育を閉鎖したので、貴重な学びの場となっている。

● リプロダクティブ・ヘルスコーナーの活動

妊産婦を含む女性来院者の増加に合わせて、1998年に「リプロダクティブ・ヘルスコーナー」を設置した。母子保健としなかったのは、リプロダクティブ・ヘルスが女性のライフサイクルを通じた保健と健康を保障するという概念だからである。

UNHCRは難民／避難民の女性に対して、①安全な妊娠と出産、②家族計画、③危険な中絶を防ぐためのケア、④エイズを含む性感染症の予防、⑤性暴力への対処を重視している。実際 Clinic にも、ハイリスク妊娠・出産、危険な中絶後の合併症、性感染症とその再発、夫や雇用者による暴力などの問題を抱えた女性たちの来院が多い。ビルマの妊産婦死亡率はタイの約2倍、避妊実行率は4分の1程度である。体験学習期間中にリプロダクティブ・ヘルス外来に来院した女性の55％が妊婦検診、36％が家族計画相談、9％が病気の治療と相談だった。

妊婦検診では、10代の女性が検診を滞りなく受けられるように配慮している。10代の出産では合併症が起こりやすいし、望まない妊娠であれば危険な人工妊娠中絶を受ける可能性が高いからである。結婚年齢が10代で子どもを初めて産んだのは15歳など、早婚、若年齢出産、子だくさんが多い。

疾患の内訳は流産・中絶[6]が24％で、貧血、骨盤内感染症[7]、尿路感染症（膀胱炎など）、月経関連と続く。HIVを含めた性感染症の予防教育は、定期的には行われていない。ドイツ人助産婦がスタッフと協力して、メソットの工場労働者に予防教育活動を行おうとしたが、経営者の協力が得られず、

何度も中止になった。安定したコミュニティがなければ、こうしたセンシティブな活動は難しい。

Clinic では中絶手術を行っていない。メソットなどで、中絶を望む女性に、小枝や針金など非衛生的で危険な方法で中絶手術が行われているという話を聞いた。そうした手術で感染や出血などの合併症を起こし、来院する女性が多い。闇市場で売られている中絶のための薬を購入し、出血や腹痛が止まらないと訴える女性もいた。1999 年の統計によると、中絶後のケアのために来院した女性の 40％が過去に中絶を経験しているという。また、23％が初めての妊娠で、20％が 10 代であった。

そこで 2000 年 11 月から、人工妊娠中絶のために来院した女性全員に、避妊指導、家族計画の相談や指導を行うことにした。その後の 1 カ月で中絶後のケアを受けた女性の 25％が、カウンセリングの結果、不妊手術やコンドームなど何らかの家族計画方法を用いるようになったという。こうした指導の推進で、中絶件数が減少することを期待したい。

危険な中絶手術を減らす最善の方法は、家族計画サービスを利用しやすくして、望まない妊娠を減らすことである。にもかかわらず、なぜビルマの女性たちは中絶を繰り返してきたのだろうか。

4　なぜ中絶を選択するのか

中絶をした女性たちと関わって感じたのは、彼女たちに中絶以外に選択の余地はなかったということである。自分や恋人もしくは夫などの現在の生活を守るための選択だった。彼女たちがそこまで追い詰められたのは、社会的背景が影響している。

私が聞いた中絶の主な理由は、「貧しい」「経済的に苦しく子どもを育てられない」「妊娠が雇用者にわかれば解雇されてしまう」などである。

---

6) 母体の自然な反応のために起こった流産か人工中絶かの区別は難しい。中絶後のケアのために Clinic に訪れる女性の半分程度が中絶ではないかというスタッフたちの見解がある。

7) 膀胱や子宮、その周囲の筋肉などの炎症。性感染症が原因の場合が多く、痛い。

タイとビルマは、1960年代まで同一の経済発展段階にあったと言われている。だが、1985年の国民総生産(GNP)はタイがビルマの4倍、95年には約10倍となった(タイ6490ドル、ビルマ765ドル)。ビルマは1988年にビルマ式社会主義経済を放棄し、民間主導型経済へ移行するなど新しい経済政策を打ち出したが、97年の時点では「最貧途上国」とされている。軍事政権は、少数民族独立のための武装闘争を抑えるために、国家予算の半分を軍事費に費やしているという報告もある。

　また、ビルマの医療体制は貧弱で、病院に薬や機材がなく、医療を十分に提供できない。「タイ側の病院[8]に行きなさい」と病院スタッフに言われるらしい。女性たちは家族計画について、ほとんど知識を持つ機会を得られない。家族計画についてClinicで初めて知ったという30代や40代の女性が多かった。

　ビルマの村では危険な中絶が原因で死亡する女性も多いはずだ、とClinicのスタッフは懸念している(ビルマでは妊産婦死亡原因のトップは危険な中絶手術で、50％にも及ぶ。世界平均は13％)。私は、Clinicで出会った女性たちに、中絶手術が危険と思わなかったかと質問したが、半数以上は「危険だとは思わなかった」と答えた。通訳してくれたスタッフは、「危険だとしても、その手術を受けるしか選択肢がないのよ」と話してくれた。

　そして、ビルマ少数民族の女性は貞操観念が固く、結婚時の処女性が強く求められ、性に関した話はタブーとされる。未婚の女性が望まない妊娠をしたら、ひとりで誰にも知られないように処理しようと考えるかもしれない。

　メソットは、タイ国内で最大のビルマからの出稼ぎ労働者を抱えている。160の衣料品工場などがあり、約10万人の不正規労働者が働く。政治的に「不法滞在」であるがゆえの問題も多い。タイ警察は彼女たちを逮捕し、全財産を取り上げることもある。実際に、Clinicで警察にお金を取られ、家に帰りたくても帰れない、という子ども連れの女性を見た。

　雇用主は「不法滞在」という彼女たちの弱みにつけ込み、性交渉を要求する場合が多いと聞いた。雇用者が従業員の女性に麻薬を渡してからレイプする、という犯罪も潜在的にあるという[9]。それでも、彼女たちは不正を公然と訴えられる立場にはなく、泣き寝入りするしかない。しかも、彼女たち

に職業選択の幅は少ない。メソットには20以上の売春宿があり、そこで働く売春婦のほとんどはビルマから来た若い女性であると言われている。彼女たちの避妊や性感染症予防の現状は不明である。

　夫婦で出稼ぎに来た場合も、出産して子どもを育てる余裕はないという。賃金はタイの最低賃金を大幅に下回る。「タイの法定最低賃金は1日あたり170バーツ」であるが、患者さんの話によると、ビルマから来た労働者の場合、農業や家政婦で40バーツ程度、日雇いの建築関係で120バーツ程度だという。出稼ぎに来た場合は、ビルマに住む両親や子どもに送金しなければならない。

　夫も避妊や家族計画に関する知識が乏しい。そのため、望まない妊娠をしたら、口コミで聞いた中絶薬を内服し、自分で対処しようとする。ビルマに暮らしているときの経験が、そうさせるのかもしれない。メソットには、安全に中絶ができるクリニックはなく、Clinicで働くタイ人看護師の話では、胎児中絶後のケアを行うのみである。もし中絶をしてくれる医療施設があったとしても、確かな情報に彼女たちはありつけないかもしれない。

　以上の考察から、性暴力やそれに起因する望まない妊娠、性感染症のリスク、そして危険な中絶と、女性たちのリプロダクティブ・ヘルスの現状の過酷さがわかる。彼女たちの不安定な社会的・政治的立場は、さまざまな疾病に対する、より多くのリスクを生み出す。売春などの危険な労働や深夜の勤務、長時間労働など健康を脅かす条件が立ちはだかるなか、医療面で彼女た

8）Clinicがなければ、メソットの公立病院はビルマからやってくる人々に対応しきれないだろう。Clinicは防波堤のような役割を果たしていると考えられる。政府は自らの損失や打撃を防ぐためにもClinicの存在を容認せざるを得ないのだろう。メソット病院はClinicに予防接種ワクチンを供給し、重症患者の受け入れを行っている。

9）タイ人雇用者が「ビルマ人のスタッフの頭が突然おかしくなったので引きとってほしい」と18歳の女性をClinicに連れてきたことがあった。精神障害を思わせる言動や行動で、錯乱状態に陥ることもあった女性に対して、スタッフは「麻薬中毒の疑い」と診断し、内服や点滴の治療を開始。同時に性暴力被害の可能性を示唆し、妊娠検査などを行った。1カ月後に精神症状は軽快、自分が混乱していたときの記憶はまったくないという。

ちを支えているのはClinicだけである。

　Clinicに来院した女性たちに避妊や家族計画のカウンセリングを行うだけでは、中絶数の減少を期待することは難しいかもしれない。問題の根源は、彼女たちの背景にある貧困や政治や文化にあるかもしれない。そんな中、今日もClinicのスタッフたちは、一人一人の女性相手にじっくりと避妊や家族計画のカウンセリングを行う。スタッフたちは最近、ビルマに住む伝統的産婆の再教育プログラムづくりに忙しい。

　私が「思いきって安全な人工妊娠中絶手術方法を産婆に指導したらどうだろうか」とスタッフに提案すると、彼女は「私もそれを考えていたところ」と言った。それだけで解決できる問題ではないのは、スタッフも承知である。彼女たちのリプロダクティブ・ヘルスの権利も、私たちと同じように脅かされてはならない女性の基本的な権利であることを決して忘れてはいけない。そして、私たちがどのように協力できるのか、まだまだ模索を続けなくていけない。

5　おわりに

　当初、私はClinicで「難民医療」を勉強したいと思っていた。しかし、私がClinicで出会った人々は、Dr. Cynthiaも含めて「難民」ではなかった。では、彼らは一体誰なのだろう。そんな疑問が湧き、Clinicでいろいろな人に話を聞き、メソットの町を歩き回った。

　ビルマの難民や避難民、ビルマからタイにやって来た不法滞在の労働者など私が関わったすべての人々は、自由や人権が奪われ、かつ「健康である」という基本的な権利も奪われていた。彼女たちの過酷な背景を人々に知ってもらいたいという気持ちもこめて、このレポートを書いた。ビルマ軍事政権に対して最大のODAの援助国である日本人の関心が高まれば、過酷な状況も変わり得るかもしれない、とわずかな期待をこめている。

　Clinicでの女性たちとの出会い、また彼女たちが抱える健康問題の背景を考えることによって、ビルマ社会の問題がわずかに見えてきた。医療従事者は、患者を「疾患そして治療」という枠組みの中で捉えようとしがちだが、

患者の社会的・文化的背景は千差万別である。この学びは、私が職業とする看護師の活動にも活かすことができる。

それ以外にも、日本との接点を見つけられた。中絶問題は日本の女性の問題でもある。日本は、闇中絶による女性の死を防ぐためにも、母体保護法によって中絶を事実上合法化し、安全な中絶を女性たちに提供してきた。そのため中絶天国という悪評が世界中で広まったが、1950年代後半をピークに中絶件数は低下している。背景こそ違うものの、そうした日本の歴史や実態から学び、ビルマのようなケースに活かすことはできないかとも考え、今後の課題としたい。

加えて、Clinicには在日外国人の健康問題と共通する部分がある。「Clinicは難民キャンプにあるべきだ」と言う人がいたが、そうではない。Clinicは、難民になれない人々や違法労働者など保護を受けられない人々のために存在する。

日本にも、法的な保護を受けられずに健康問題で苦しむ在日外国人がいる。労働を目的とした人々の国際的な移動は、先進国や工業国の経済活動の結果生じたひとつの現象であり、誰にも止められない。その中で、彼らの健康という基本的人権が保障される社会を、私たちは築いているのだろうか。シェア（国際保健協力市民の会）などのNGOは、そうした人々のために活動を長期にわたって展開している。ここから学ぶことも多そうだ。

最後に、今も「戦っている」ビルマの人々に一日も早く平和な日々が訪れることを心から願うとともに、関わったすべての人々に、ここで感謝の気持ちを伝えたい。

吉野 都（よしの みやこ） 1974年生まれ、助産師（オーストラリア在住）〈2000年度参加〉
国際保健の分野に進みたかったので、その準備と勉強を兼ねて長期FSに参加した。そこで女性のリプロダクティブ・ヘルスを学び、帰国後もそれに関わるために、助産師という職業を選択。世の中にはいろいろな価値観があることを身体で感じ、物事を多面的に捉えられるようになった。

9　生産者にとってのフェアトレードコーヒー
　●ITDPの活動からの考察●

藤森　綾

1　コーヒーとフェアトレード

　世界のコーヒー豆輸出国上位3カ国は、ブラジル、ベトナム、コロンビアである。タイには、もともとコーヒー豆はない。北タイに住む山地民の現金収入だったケシに代わる作物として、1972年に導入された。1970年代半ばには、国連、農業NGO、王室、タイ政府により、「コーヒー研究・開発プログラム」が始められる。そして、2004年からコーヒーブームが起こり、国内にたくさんのコーヒーショップが立ち並ぶようになった。

　日本ではコーヒー豆を栽培できないため、100％輸入に頼っている。輸入国ランキングでは第3位だ。日本に住む人々の生活に根付いているが、ほとんどの人が、自分が飲むコーヒーがどこから来て、誰が作っているのかを知らない。私はこのことに矛盾を感じ、「顔と顔が見える関係」と言われているフェアトレードに興味を持った。

　フェアトレードは、1960年代にヨーロッパから始まった運動である。経済的・社会的に立場の弱い南の生産者と、通常の国際市場価格よりも高めに設定した価格で継続的に農産物や手工芸品を取引し、彼らの自立を促す目的で始まった。現在ではビジネスの側面もある。

　FLOはFair trade Labeling Organizationsの略で、1997年に発足した。一般の市場にフェアトレード商品を広めるために基準をつくり、その基準を満たす製品にフェアトレードラベルを貼って差別化をはかり、フェアトレードを広める運動をしている。フェアトレードラベルは、生産者に保障しなければならない以下の5点を定める。

　①価格の保障──コーヒーの生豆1kgあたり、買い取り最低価格330円（世界市場価格は200円）。

　②社会的発展──生産者組合が民主的活動を行い。利益の一部が社会的

発展事業(福祉や学校など)のために運用される。
　③経済的発展——生産者が輸出品質基準を満たし、利益の一部が経済発展活動に運用される。
　④労働環境と労働条件——ILO の基準を満たす安全な労働環境を整備し、強制労働や児童労働を禁止する。労働者が団体交渉権を持つ。
　⑤生産地の環境保全——薬品の使用、水質・森林・土壌の保全、廃棄物の扱いに関して、国際規約を厳守する。

2　Integrated Tribal Development Program(ITDP)の活動

　私が体験学習した ITDP は北タイに住む山地民の生活向上を支援する NGO だ。スタッフは 20 人(18 人が山地民)で、4 つのプロジェクトを持つ。
　コーヒーフェアトレードプロジェクトは、コーヒー生産者からコーヒー豆を通常より少し高めに継続的に買い取り、安定した収入を得られるように活動している。設立者マイク・マンの父(アメリカのバプテスト教会から派遣された宣教師で、専門は農業技術指導)が、初めて北タイにアラビカ種のコーヒーの苗を持ち込んだ。
　生産者たちはコーヒーの実(コーヒーチェリー)を摘み(最盛期は 11〜2 月)、種を取り出して 2 日間水に浸ける(これがコーヒー豆になる)。その豆を洗い、5〜7 日間干してから、機械にかけて生豆にする。それをスタッフがランク別に分けて内外に販売している。スタッフは定期的に北タイ 4 県 17 村の産地を訪れて品質改良を指導し、購入する企業の担当者に産地を紹介する。
　コーヒーチェリー、乾燥させた豆、生豆の買い取り価格は、年に 1 回スタッフと村の代表が集まって行う会議で決められる。企業は、生豆を買い取ってローストしてから代金を支払う。生産者がもっとも多いのはアカ族で、モン族、ラフ族が続く。北タイ 4 県では、彼らはコーヒー栽培を主な収入としている。
　コーヒーチェリーの買い取り価格は、大きさではなく、村によって異なる。その村で買う他の企業や仲買人との関係を悪くしないためである。ITDP は、利益追求ではなく生産者の支援が目的であり、他の企業や仲買人とも上手に

関わっていかなければならない。

生豆の販売価格は4ランクに分かれている（表1）。スターバックスは「ムアン・ジャイ（楽しい心）コーヒー」という名前で売り出し、1杯60バーツ（240円）で飲むことができる。イオンでは「TOPVALU」というブランド（タイアラビカ100％）で、200g 398円で店頭に並んでいる。ランナーカフェはチェンマイ市内にあり、日本の「わかちあいプロジェクト」によってつくられた。Cランクの豆は、市内の料理屋で1杯20バーツ前後で飲むことができる。

表1　生豆のランクと販売価格・販売先

ランク	販売価格（1kg／バーツ（円））	販 売 先
A	130バーツ（520円）	スターバックス、イオン
B	100バーツ（400円）	ランナーカフェ
C	40バーツ（160円）	市内の料理屋
D	20バーツ（80円）	市内の料理屋、コーヒー石けん

（聞きとりにもとづき筆者作成）

販売価格には大きな差があるが、ITDPでは品質を問わず、すべて1kg 105〜110バーツで生産者から買い取る。したがって、できるだけ多くAランクの豆を作ってもらうために、品質向上の指導に余念がない。

コーヒーの木は、種を播いてから苗になるまで1年10カ月、そこからコーヒーチェリーが収穫できるまで3年かかる。また、アラビカ種は、赤道に近く、標高が高い山の斜面で霧が発生するような場所を好み、非常に神経質で、環境の変化に弱い。しかし、最初の5年間をきちんと育てられれば、数十年間にわたって毎年、実を付けてくれる。

フェアトレードコーヒープロジェクトの活動から、生産者の利点として5つが挙げられる。

①買い取り価格の安定

コーヒーの出来に左右されずに、安定した収入が得られる。

②機械の購入

コーヒーチェリーから種を取り出す機械が購入できる。手作業に比べて、種の精製量が数十倍に増える。ITDPから借金（無利子）して買い、毎月返していく。機械はイギリス製で、約3万バーツ（12万円）である。ITDPのスタッフが村まで運び、組み立て、メンテナンスまでしてくれる

③無利子の融資

栽培費用の 10〜20％を無利子で借りられる（返済は買い取り額から天引き）。

④品質向上のための知識の取得

ITDP のスタッフもコーヒー生産者だから、村人は近い関係で知識や技術を共有できる。その結果、より高い価格で買い取ってもらえるようになる。

⑤他地域の生産者との情報交換

他の村ではどのように栽培しているか、スタッフがどう対応しているのかを比べられるので、スタッフと生産者の関係がより透明になる。

3　2つの村の生産者と生産方式

私はコーヒー生産を主収入としているドイチャング村に 2 週間、副収入としているソンポイ村に 1 週間滞在した。

ドイチャング村は人口 4315 人、500 世帯（アカ族 300、リス族 200）の大きな村だ。アヘンに代わる換金作物として、ドイツの NGO が 1980 年代後半にコーヒーの苗を持ってきたのが、栽培のきっかけである。その後、タイ農務省が介入して栽培が始まったが、当初は需要が少なく、根付かなかった。2004 年ごろからコーヒーブームとなり、08 年現在では全世帯が生産に関わっている（8 割が自作地、2 割は小作地で栽培）。年間生産量は 1 万 t で、タイのアラビカ種生産の半分を占める。そのため、複数のコーヒー企業の工場があり、ほとんどの農家がドイチャングコーヒーに豆を売っている。

ITDP のメンバーは 32 世帯（アカ族とリス族各 16）で、彼らにとって ITDP は買い取り先のひとつにすぎない。それでも、ITDP が買い取るコーヒー豆の約半分（30t）に達する。なお、ドイチャング村では年間通してコーヒー豆以外にトマトやハヤトウリ、2〜4 月はマカデミアナッツ、8〜9 月は梅や桃が収穫できる。気候の変化でコーヒチェリーがたくさん収穫できなくても困らないように、野菜や果物の栽培も大切なのである。

コーヒーチェリーを摘むのは女性で、男性は摘んだ実をガラー（乾燥させた豆）か生豆にする。女性は基本的に村外に出ない。男性は車を運転できる

ので、コーヒーを売る市場を探しに村外へ出る。彼らにとってタイ語はビジネスをするためのもので、村内ではアカ語で話すことが多い。

一方ソンポイ村は150年の歴史を持つカレン族の村で、米を主収入としている。コーヒーグループは120世帯で、すべてがITDPグループのメンバーだ。1970年代に、国連による「タイ麻薬撲滅プロジェクト」で栽培が始まった。1982年にITDPのスタッフが村に入り、有機栽培を勧め、現在も続いている。コーヒーの木は大木の下の木陰にあり、森と一体化していて、よく見ないと木に気づけないほどだ。有機栽培が評価され、スターバックスコーヒーのイメージ村にもなっている。

その他の副収入は、里イモ、レタス、ミニトマトなど。女性は家事、畑仕事、織物、男性は畑仕事、力仕事(薪割りなど)、家事を行い、織物以外は男女の仕事の差を感じなかった。

ドイチャング村のスワナイさんの畑は8ha、村で一番大きい。ITDPへは豆を1t売り、7万5000バーツ(30万円)の粗収入があった。約60aまでなら1家族(4〜5人)で収穫できるという。スワナイさんの畑には、収穫時期の11〜3月に日曜を除く毎日、10人前後がコーヒーチェリーを摘みにくる。賃金は、1日120バーツの日給制か、収穫量に応じて支払う。スワナイさんの場合は日給制で、5カ月合計で約15万バーツ支払われる計算になる。そのほか、機械代、機械を動かす電気代、農薬・化学肥料代がかかる。夕方から夜は、スワナイさんがひとりで実から種を取り出す。

すべてのコーヒーの木が上手く育ち、収穫したコーヒーチェリーがすべて売れれば、年間収入は250万バーツになる。しかし、コーヒーチェリーを売る市場を探すのが難しいのが現実である。

ソンポイ村のコーヒー生産者ネエさんはITDPグループの代表である。約64aの畑を持ち、年間4万5000バーツ(18万円)の収入がある。有機栽培をしているので、生産コストがあまりかからない。複数の女性がコーヒーチェリーを摘み、種を取り出し、洗い、干す作業をすべて行っていた。男性は種を取り出す機械のメンテナンスや力仕事をする。

ソンポイ村には、種を取り出す機械が2台しかない。生産者は機械を持つ家に収穫したコーヒーチェリーを持っていき、リーダーが量をノートに記

入して、買い取り代金(1kg13 バーツ)を生産者に支払う。果肉を取り、洗った豆を干す作業をする人は1日 100 バーツで雇われている。ITDP は乾燥豆を 1kg 75〜90 バーツで買い取る。その代金は ITDP グループ費用として、日給、機械の電気代やメンテナンス代に充てる。2006 年は、50t の乾燥豆が買い取られ、375 万バーツ(1500 万円)の収入を得た。グループ費用を差し引いた残りが 120 世帯に分配される。

ソンポイ村では米が主収入なので、ドイチャング村のようにビジネスとしてコーヒーを生産する必要はない。稲作の農閑期を利用して、収量優先ではない、無理のない有機栽培が可能になる。

4　生産者にとってのフェアトレード──二つの村の比較

①適正な価格

ITDP はコーヒーチェリー1kg を、ドイチャング村では 15 バーツ、ソンポイ村では 13 バーツで買い取っている。ドイチャング村では実を摘む作業の給料を 1kg 2〜3 バーツで計算していることから考えると、生産者にとっては高い価格と言える。

ソンポイ村は有機栽培で品質の良い豆を作っている。確実に A か B ランクになる。消費者は有機栽培コーヒーを好み、多少高くても買う。だから、農薬を使って大量生産したドイチャング村の豆と同程度の値段で買い取られるのは、ソンポイ村にとってフェアではないと考えられる。

ソンポイ村のコーヒー栽培は副収入なので、1kg15 バーツでも問題はない。また、コーヒー生産で生計を立てるドイチャング村の豆を ITDP が意識的に高く買い取るのも理解できる。それでも、有機栽培の価値から考えるとドイチャング村より高く買い取ってもよいと考えたので、表 2 ではソンポイ村の価格を△とした。

同じことは、生豆の買い取り価格にも言える。ITDP は生産者から品質に関係なく、すべて 105 バーツで買い取る。一般の市場価格から考えれば高いが、有機栽培であれば 105 バーツ以上で売れるかもしれない。そう考えると、すべての村の豆を同じ値段で買い取ることは、一見フェアに見えて、

実はフェアではない。

表2　フェアトレードから見た二つの村の比較

	ドイチャング村	ソンポイ村
価格	○	△
労働	△	○
環境	×	○
生活	○	○

（筆者作成）

②労働の状況

　ソンポイ村は、収穫できる分しか収穫しない。収穫量は少ないが、農閑期をうまく利用して副収入の手段のひとつとしている。だから、コーヒーチェリーから種を取り出す機械が2つしかなくても問題はない。ほとんどITDPにしか売っていないので、市場を探す必要もない。一方、ドイチャング村はビジネスであり、大量生産だ。男性は常に市場を探している。しかも、トマト、ハヤトウリ、梅なども栽培する。男性は収穫最盛期に市場探しもするので、女性が男性の分まで畑仕事をしなくてはならない。

　ドイチャング村はコーヒーで生計を立てているため、ソンポイ村より労働が過剰なのはわかる。しかし、安定した市場が確保できていないので、表2では労働を△にした。

③環境への配慮

　ソンポイ村は大木の木陰を利用してコーヒーの木を育て、肥料には牛糞や鶏糞を使っており、環境に十分に配慮しているといえる。今後も、大量生産したり、木を切ったりはしないと、村人は話していた。精霊信仰のカレン族は木に神が宿ると考えるため、自然環境を破壊することはありえない。

　環境に関して深刻なのは、ドイチャング村である。コーヒー豆を大量生産するから、農薬や化学肥料を使う。その結果、有機栽培のような高品質な豆はできず、高い価格で企業や仲買人に買ってもらえない。しかも、大量生産のために農薬や化学肥料を購入するという悪循環が生まれている。したがって、表2では環境に×をつけた。

　この問題に対して、ITDPはできるだけ農薬や化学肥料を使わない栽培方法を教えているが、実の収穫量が半分になってしまう。生産者は農薬や化学肥料の使用が環境に良くないことを知っているが、コーヒーが主収入の場合、有機栽培はリスクが高すぎる。そのため、あまり浸透していない。

有機栽培を推進している企業は、オーガニックコーヒーを一般のコーヒー豆の40％増しで買うと言っているので、近い将来オーガニックコーヒーの供給が増えるだろう。今はすべて同じ値段で買い取っているITDPも、価格差をつけなくてはいけない。ITDPにとっても、ドイチャング村の環境問題は深刻だと言える。

④生活への影響
　ソンポイ村のコーヒー生産はいったん廃れたが、ITDPグループに入り、有機栽培が評価され、2005年からITDPを通してスターバックスが買うようになった。こうして大きな市場が確保され、安定した副収入が得られた。
　ドイチャング村では、2005年に村出身生産者がITDPスタッフになってから、ITDPとの連携が良くなった。たとえば、コーヒーチェリーから種を取り出す機械をグループの全世帯に提供できたし、現地にスタッフがいるので機械のメンテナンスや困ったこともすぐに相談できる。また、ITDPが2006～07年にイオンやスターバックスと契約した結果、ドイチャング村からも多くの豆を買うようになった。労働は△、環境は×としたが、生活が満たされていないわけではない。ITDPグループになった利点がある。生活面で一番大きく変わったのは、電気が通ったことだ。その結果、多くの人が機械を使えるようになり、生活もしやすくなった。
　このように、生産者にとってのフェアとは価格だけではない。また、ひとつのことが悪いからといってすべてが悪いわけではないし、ひとつのことが良いからといってすべてが良いとも限らない。4つの項目をすべて○に変えるためには、生産者支援のためのフェアトレードとしてITDPが介入するのではなく、生産者自身のフェアトレードとして生産者が活動の主体になり、ITDPはサポートする立場にまわる必要がある。簡単に言えば、豆を買ってもらう立場から、豆を売る立場に変わらなければならない。

5　フェアトレードを生産者の活動にするために

　フェアトレードを生産者の活動にするためには、その本当の意味を根付か

せることが大切である。生産者は、今やっていることがフェアトレードだとあまり意識していない。生産者にとってフェアトレードとは、NGOや企業が普通の価格より少し高く買い取ったり支援をしてくれる、お得な商売である。しかし、本当のフェアとは生産者を取り巻く環境への配慮であり、本当の意味は生産者自身の活動にすることで、生産者が自分の村について考え、協力し、発展していくことである。最終的には、生産者が直接企業と交渉し、貿易ができる力をもつことが、生産者と村の自立ではないか。

　生産者にフェアトレードが根付いていない原因は、生産者と企業のつながりがないように見られることだ。たとえば生産者は、自分の作ったコーヒー豆がどのように売られているのかを知らない。ほとんどの生産者は、自分の作ったコーヒーを飲んだことがない。これでは、いつまでたっても仲介にITDPが入らなければいけない。

　また、企業とITDPの間がフェアトレードではないという問題がある。ITDPは生産者から105バーツで生豆を買い取る。しかし、Aランク以外は販売価格が仕入値を下回っている。これでは、ITDPが赤字である。さらAランクでも、ITDPにとっては決して高い価格ではない。ITDPの赤字が続けば、生産者から継続的に購入できなくなる。それでは、生産者を苦しめることになってしまう。この構造を企業側が理解していれば、企業はもっと高い値段で豆を買うだろう。

　ITDPと企業のアンフェアは労働面でも見られる。ITDPスタッフは、生産者の面とNGOの面がある。NGOの面では、生産者の村に行って指導し、市場を探す。生産者の面では、買い取った乾燥豆を生豆にし、豆のランク分けをする。さらに、コーヒーブームの影響で、生産者が今後は増える予定だ。NGOの面だけなら喜ばしいが、生産者の面も持つため、労働が追いつかなくなっている。しかも、赤字だからスタッフの給料が安い。このままでは、ITDPが崩壊するのも時間の問題だ。ITDPが崩壊すれば、生産者も崩壊し、コーヒー豆を買う企業も崩壊する。

　フェアトレードにおいて、仲介に入るITDPは重要な要である。フェアトレードを生産者に根付かせるためには、生産者、ITDP、企業の関係すべてがフェアでなければならない。

6　生産者を体験して

　私はドイチャング村で1日にどれくらいコーヒーチェリーが摘めるか試したところ、8時間で17Kgだった（一緒に摘んだ生産者は平均62Kg）。その日給を計算すると34バーツ。タイの料理屋でご飯が1皿20〜25バーツ、飲み物が10バーツ前後なので、1日で1食分しか稼げなかったのだ。

　コーヒー生産の大変さを経験できた。そして、ふだん飲む1杯のコーヒーの価値が変わった。コーヒーチェリーを摘むところから私たちが飲むまで、本当に長いプロセスがある。そこには、生産者のいろいろな想いが詰まっている。これは、食べ物すべてに言える。生産者がいなければ、私たちは食べることはできない。それなのに、搾取されたり貧困に悩んだりするのは、いつも生産者である。こんな矛盾があってよいのだろうか。

　ただし、生産者は貧しいと勘違いしてはいけない。私はたくさんの村人と時間を共にし、同じご飯を食べ、慣れない言葉で意思を伝え合い、「生きる」という同じ目標があることに気づいた。

　最後に、フェアトレードとは、生産者自身の活動にすることで生産者が本当の意味で自立することである。したがって、生産者が自立し、フェアトレードを必要としない世の中が来ることを私は願っている。フェアトレードとは、なくなって初めて成功するものではないだろうか。

藤森　綾（ふじもり　あや）　1986年生まれ、コーヒー会社バリスタ〈2007年度参加〉
在学中からコーヒー会社でバイト。長期FSで将来の夢を見つけられた。今でも迷ったり何かを見失いそうになると、村で撮った写真を見て原点回帰するほど、自分にとっての大きな原動力になっている。いつかお世話になった人たちに恩返しがしたいという目標に向かって、バリスタ道を極めている。

10　有機農業はなぜ継続するのか

近藤　衣純

　大学の授業で『スロー・イズ・ビューティフル』(辻信一著、平凡社、2001年)を読む機会があり、食べるとはなんだろうと考えさせられた。食は健康、生産者、環境、社会と直接的な関係を持つ。消費者が環境を配慮した農法によって作られた作物を選ぶようになれば、環境への負荷が軽減される。食を通じて環境問題や貧困問題を考えるきっかけにもなる。

　本来、食は人や自然とのつながりなしでは成り立たない。しかし、多くの人が口にするファミリーレストランやファストフードの食事では、生産者と消費者のつながりが見えず、生産者への感謝はおろか、農業や自然環境について考えることも難しい。

1　ドンチアン村の有機農業

　私はドンチアン村の有機農家で体験学習を行い、一緒に生活することを通して、生産者にとって有機農業がライフスタイルそのものになっていることを理解できた。また、村内の自然資源を利用して持続可能な農業を行う現場も見ることができた。

　ドンチアン村はチェンマイ県メーテン郡に位置し、チェンマイ市内から南へ車で約1時間30分だ。仏教に加えて、精霊信仰もわずかに残っている。2012年の村の資料によると、面積1088ha、森林640ha、農地320ha、集落用地128haで、面積の半分以上を森林が占める。人口は525人、世帯数は171である。専業農家は68世帯で、うち20世帯が有機農家である。自給用を含めた野菜栽培を行っているのは98世帯で、9世帯が豚、2世帯が牛を飼う。有機農家を中心に、豚や牛を飼う世帯は増えている。

　100世帯は被雇用者で、村外での工場労働、稲刈りなどの農業手伝い、運転手など。近代農業で借金がかさみ、土地を村外に売った人もあり、農家と農地は減少した。

有機農家はすべて、ISAC（Institute for Sustainable Agriculture Community）のトレーニングを受けている。ISAC は持続可能な有機農業を推進する NGO で、北タイ有機農業基準協会が定めた独自の有機農産物の基準に沿って村人に指導する。ドンチアン村では自家消費が基本で、余った農産物を村の市場やチェンマイ市の有機市場で売る。したがって、1種類を大量には生産しない。畑や庭で野菜、果物、ハーブを数種類ずつ育てている。季節によってできる作物が違うため、いつも決まった種類と量を収穫できるわけではない。私の体験学習中は、その種類も量も2〜3週間単位で少しずつ変化していた。

2　体験学習先の有機農業

●自立を目指す有機農業者

　私はドンチアン村で有機農業を営むアナンとウィナ夫妻の家にホームステイした。3人家族で、息子はチェンマイ市で働いている。夫妻は約25種類の野菜を栽培し、豚、鶏、アヒル、ナマズを飼って販売し、自家用の食材としてカエルを育てる。

　夫妻は1週間に4〜5日、畑か水田に行き、木曜日と土曜日はチェンマイ市内の2つの市場に出店する。ウィナは週2回、お菓子も作っている。市場はどちらも ISAC が場所を借りているという。木曜日のホーワンカセートインシー市場は道路沿いにあり、午後3〜4時に始まるため、学校帰りの子ども連れや仕事帰りに立ち寄る客が多い。土曜日のJJマーケットは午前5〜6時に始まり、幅広い年代がたくさんの食材を買い込む姿を多く見た。

　水田と畑は自宅から徒歩10分ほどだ。所有地が0.72ha、借地が0.8ha、無償で借りている農地が3.2haである。これは、後継者がいない農地を西洋人が買い取り、有機農業

市場で収穫した有機野菜の販売のお手伝い
（2012年、村人撮影）

者に無償で貸している。ドンチアン村へ視察に訪れたタイ人スタッフの話では、この西洋人は世界的に有機農業を増やそうという理念のもと各国の農村を支援しているそうだ。アナンは有機市場で出会い、有機農業を行うという条件で借りた。畑、水田、放牧地として利用し、販売用の木の苗も育てている。

栽培作物は野菜のほか、米2種類、果物16種類、ハーブ数種類。ハーブには天然の虫除け効果がある。肥料は、共同精米所の籾殻、畑の雑草、牛糞を利用して自ら作る。また、害虫対策として、サダオの葉、カー（ショウガの一種）、レモングラスで作る自然農薬を散布する。夫妻は、こう話した。

「有機農業は単に化学肥料や農薬を使わない農業ではない。有機農業は生活そのものであり、自立と直に関係している」

自分で食べるものを自分で作ることが食の自立だ。有機農業は他に依存せずに自立を目指す農業であることが、生活を共にする過程で理解できた。

● 有機農業への転換過程

アナンは独身だった頃タバコ会社と契約を結び、1977年から化学肥料と農薬を使用したタバコの葉の生産を始める。1983年に結婚して米と大豆の生産を始め、94年からは日本企業向けに生産した。しかし、化学肥料と農薬を購入するために借金をしなければならない。また、売るための米と大豆しか作っておらず、自分たちの食べ物はすべて市場で買っていた。当時は、米と大豆に農薬を撒いた後、アナンは工事現場、ウィナは缶詰工場で働いたという。農業と労働に忙しく、今のように家族そろって食事をすることはなかった。これらは、近代農業の実態の一端を明確に示している。

1996年に、体内に入った農薬の蓄積が原因でウィナは頭痛・関節痛となり、近代農業が続けられなくなる。そして、親戚の紹介でISACを知って有機農業の研修を受けることにする。ただし、研修を受けるためにはグループをつくる必要があり、村内で22世帯を集めた。

近代農業が主流な中で有機農業への転換は、二人とも不安が大きかったという。偏見を持たれたこともあったそうだが、近くの有機農業者を訪ね、自分の目で見て話を聞くことで不安は解消され、転換を決意したという。

研修は、チェンマイ市内のオフィスと北タイで有機農業を営む村人のもと

で行われる。4日間で、理論、ジェンダー、会計、現場実習である。
　①理論——自分たちがかかえる問題を分析し、有機農業への転換が必要であると理論的に考える。
　②ジェンダー——女性も男性も互いに助け合って協力する必要性を学ぶ。
　③会計——ISACのメンバー農家は家計簿の記入が決められている。収入に見合った支出を心掛け、無駄な支出を抑えることを身につける。
　④現場実習——有機農業に切り替えた農家で、具体的に学ぶ。
　その後、北タイなどの有機農家や、水は森林の働きによって蓄えられ農業用水として使用できることを理解するために、森を守って生活する村で研修を受けた。
　こうして1999年に有機農業へ転換する。当初は「農薬・化学肥料を使えば早く大きく育つのにと、がっかりすることもあった」。しかし、アナンはチャレンジ精神が旺盛なため、近代農法へ戻そうとは考えなかったという。
　「辛いときや困ったときは村の有機農業グループで集まって話したり、かかえる問題に合わせて、同じような苦悩を乗り越えた村へISACが視察に連れて行ってくれたりして、続けられた」

● 有機農業転換後の変化
　2〜3年で市場へ出荷できる量を作れるようになり、収入は徐々に増加。2002年には土地を借り、05年には車を購入した。こうして市場への移動手段が確保され、稲刈りの時期などにたくさんの収穫物を一度に運べる。
　2009年からは有機農法による米作りも始めた。アナンは、「有機市場に足を運ぶ消費者が年々増加している」と言う。それに伴い市場での収入は増え、貯金が可能になった。2011年には2台目の車を買い、12年は息子にオートバイをプレゼントした。現在は、有機農業に転換したい人や学生などに講師として話す立場になり、スタディーツアーも受け入れている。
　「有機農業で大切なことは、心の問題と家族の理解があること。そして、ISACや村の有機農業グループとのつながりが継続できた要因だ」
　また、2009年には有機農業を軸とした地域開発を行う目的で区村行政委員(任期4年)に立候補して、当選する。話し合いの場に参加し、区全体に有

機農業を広めることが目的である。そのため、13の村で講演を行ったという。ただし、「会議などで忙しく、畑の仕事が疎かになるため、任期終了後の再立候補は検討中だ」という。立候補しない場合は、「他の有機農業者に頼み、有機農業を軸とした地域開発を進めていく」と話した。

アナンとウィナは機械も使わない。除草、耕耘、水やりなどすべてを手作業で行う。そして、自分たちが食べるものを作るという意識で、自家消費を基本としている。食事作りは庭から食材を調達するところから始まり、新鮮かつ安全なものを食べられる。米は前年の収穫分をストックしてある。夫婦二人で食べるには十分な量の野菜を栽培しているから、食材はほとんど買わない。化学肥料や農薬を買う必要もない。体調も良好だ。

以前は化学肥料の使用と特定作物の栽培によって土が痩せ、農薬の使用で昆虫や魚が死んだ。現在は有機物が含まれる土が形成され、作物の育ちやすい環境が整った。水田は魚・カエル・カニなどの生息地となっている。

一方で、村内の人間関係に変化はない。近代農業者とも変わりなくコミュニケーションをとっている。変化と言えば、村外の有機農業者、NGO、消費者との関わりが増えたことである。

有機市場を利用する消費者に向けてアナンは、「消費者が有機農家の野菜などを買ってサポートすれば、温暖化の防止につながり、自身の健康にも良い。これからも有機市場を利用してほしい」と語る。近代農法の農産物を買う消費者には、「農薬・化学肥料を使いすぎた野菜を食べることが身体や環境にどう影響するのかもっと知ってほしい」と言う。

さらに、畑で採れ、洗浄力が高いタマリンドとスターフルーツを原料として、自然洗剤を作っている。ISACの研修の一環で、チェンマイ大学教授から指導を受けた。ウィナは、市販の洗剤に含まれる界面活性剤が環境や生物に悪影響を与えることを理解したうえで、この自然洗剤を作っている。

3 有機農業が継続できた理由

アナンとウィナが有機農業を始めて13年経つが、有機農家数は20世帯と少数派である。近代農業を行う2世帯に、「有機農業に切り替えたいか」

と質問すると、「農地が広いし、農薬を使う必要があるため、不可能だ」と言われた。しかし、この2世帯と有機農家は、農地面積も家族数もほぼ変わらない。

　では、20世帯はなぜ続けられたのだろうか。アナンは「有機農業を始めて間もない頃は不安や迷いもあったが、有機農業は環境にも健康にも良い。だから続ける」と言う。有機農業に対する考えをしっかり持っていたことが大きい。さらに、私は体験学習を通して次の2点に着目した。

● 人と人とのつながり

　有機農家は村内で有機農業グループを形成している。グループでは、1カ月に1回の全体会議、貯金（メンバーが100バーツずつ）、共同精米所の管理と労働、有機農業スタディーツアーの受け入れを行っている。メンバーは全員がドンチアン村出身で、ほとんどは近隣に住み、姻戚関係にある。メンバー間の関係は良く、毎日会話している。不安があれば意見交換し、稲刈りは数世帯共同で行う。種や苗の交換も行っている。

　貯金の積み立て金は、資金が必要な人に利子付きで貸したり、必要な機械を買ったりする。肥料を作るために、この資金を借りて牛を買ったメンバーもいる。私の体験学習中は、アナンが米粉のお菓子を作るために必要な製粉機を購入した。

　グループは共同精米所を持ち、週に1回2人ずつ働いている。機械操作はメンバーが行うが、近くの農業者も利用できる。精米料金は1kgあたり、玄米が2バーツで、白米は無料だ（10kgの場合4バーツ）。白米の料金設定が低いのは、籾殻、糠、胚芽などが肥料として使えるからである。使用料はメンバーの給料にあてている。誰がいつどのくらい働いたか記録する役割はウィナが担い、利用料合計の5%を受け取る。

　精米所の建物はオックスファムやISACなどNGOの資金提供で建設された。精米機はメンバーが少額負担し、残りはNGOの資金で購入した。

　5月には大豆、12月には米の販売収入がある。各農家が有機農業グループに売り、グループがISACに売る。さらに、ISACを介したり個人的に、有機農業を学ぶ農家や学生などを受け入れている。このスタディーツアーで

は、グループの活動や各家庭の農法を体験する。近代農業者が有機農業に切り換えるため相談に来ることもあり、最近メンバーに入った。

　これまでメンバーは問題や悩みがあると、話し合い、一緒に乗り越えてきた。今は区全体に有機農業を広めるという目標を共有している。

● 安定した現金収入

　表1に、二人が有機農業を始めてから現在までの収入形態と推移をまとめた。最近の平均月収は2万～3万バーツだ。主な収入源は市場で、2007年以降は毎回1000～3000バーツの売り上げがある。そのほか、精米所（給料700～1000バーツ、稲刈り時期は村人の利用料が加わる）、区村行政委員であるアナンの給料（5000バーツ）、有機農業スタディーツアーの受け入れ謝礼金（不定期）である。さらに、5月は大豆、12月は米の売り上げが加わる。

表1　収入の形態と推移　　　　　　　　　（単位：バーツ）

	1999～2001年	2002～2006年	2007～2008年	2009～2012年
月　収	700～1,000	4,700～6,000	1,5700～25,000	20,700～30,000
市　場	0	4,000～5,000	15,000～24,000	15,000～24,000
精米所	700～1,000	700～1,000	700～1,000	700～1,000
米(12月) 大豆(5月)	22,500 11,000	22,500 11,000	22,500 11,000	22,500 11,000
区村行政委員				5,000

（出典）アナンからの聞き取りをもとに筆者作成。

　有機農業に転換して以降、栽培する作物の種類と量が増えていき、現在は2002～06年の4～5倍の月収を得ている。2009～12年に関しては、大豆を売った5月は3万～4万1000バーツ、米を売った12月は4万3200～5万2500バーツの月収入である。有機農業で安定した収入を得ていることがわかる。

　支出は1カ月平均3000バーツだ。内訳は、食事代、タンブン代（徳を積む行為で、僧へ食料、生活雑貨、寺へお金などを寄進する）、電話代、光熱費、家畜の餌代、肥料代、ガソリン代などである。月によって支出は異なるが、収入を上回ることはあまりない。

毎日家計簿をつけることで、収入に見合った支出を心掛け、少しずつ貯金が可能になり、安定した生活を送ることができている。2012年の収入と支出を比較すると、毎月1万2700〜2万7000バーツの貯金が可能である。単純にこの金額に12をかけて1年分の貯金額を計算すると、15万2400〜32万4000バーツになる。

4　考察と結論

　有機農業を継続させるために必要な条件である人と人のつながりは、ISACの介入によって可能になった。アナンとウィナが近代農業を行っていた頃は、「生産した農作物はブローカー経由で市場出荷され、消費者に直接販売していなかったから、消費者とのつながりはなかった」と言う。これは、ドンチアン村の有機農家にも共通している。

　安定した現金収入については、他の有機農家も同じであった。ISACが行った借金の調査記録によると「2002年11月からドンチアン村の有機農業メンバーは収入が黒字に転じた」という。また、2軒の有機農家に直接聞くと、「有機農業に転換してから貯蓄が可能になった」と話していた。

　近代農法から有機農法への転換は、簡単ではない。転換時には、自身の経験や考えと、協力し合う仲間の存在が大きく作用する。そして継続は、苦悩や目標を共有する仲間と安定した現金収入があって可能となる。

　ドンチアン村の有機農家の主な収入源の二つの市場は、村内とチェンマイ市にある。近代農家に比べて、国際市場の動向に左右されることはない。しかも、定期的に収入が得られ、経済的安定が確保されている。

　私は体験学習のほとんどをウィナと過ごし、畑仕事、近所の人との交流、食事作りなど、できるだけ行動を共にすることを心掛けた。それを通して、自分の生活を見直し、将来の方向性に確信が持てるようになった。

　私は、自分の行動、とくに消費行動が環境や健康、社会に悪影響を与えるとわかっていても、それを止めることができなかった。たとえば、マクドナルドでの食事が環境や健康に悪いとわかっていても、時間と食費に余裕がな

いから仕方ないと選んでしまう。でも、その行動はまわりまわって自分自身の健康や将来の子どもへ不安を与えることになる。

　さらに私のその行動は、遠くの国、タイの農民に換金作物の栽培を強いることにつながるのではないかと考えさせられた。現にドンチアン村では、かつて多くの農民が日本向けの大豆生産を近代農法によって行っていた。

　何を食べるか、何の仕事をするか、どんな農法を選ぶのか。何を選択して生きるかが問われている。アナンとウィナは、有機農業が現代のさまざまな問題を解決する答えになると理解して生活していた。私もアナンとウィナのように、自分の行動に責任を持った生き方をしていきたいと思う。体験学習で感じたこの思いを生かし、仕事を選びたい。

　国際協力に関心があって恵泉に入学を希望し、学んでいくうちに、国際協力を必要としない世の中になるためには、一人ひとりの行動にかかっていると考え、自分の生活と直接関わる食と農業に関心を持つようになった。2年生、3年生は食や農業に関連した授業を選択して学び、長期FSに挑んだ。そして、テーマを「有機農家の生活を通して考える有機農業の継続」とした。長期FSに参加するためにアルバイトをして少しずつ貯金し、本を読んで関心テーマについて考え、大きな目標として過ごしてきたように思う。

　日本での学びと長期FSでの学びは、私にとってとても大切な時間である。とくに体験学習での学びは、頭の中だけで理解した気になっていたことを実際に見て、体験を通して自分のことのように近くに捉えられた。自分の知りたい関心テーマを明確にしていくことの難しさ、重要さも学んだ。将来についても考えることができた。

近藤　衣純（こんどう　いずみ）　1991年生まれ、恵泉女学園大学大学院平和学研究科修士課程〈2012年度参加〉
高校生のときのタイ旅行がきっかけで、大学入学前から長期FSへの挑戦を決めていた。有機農家にホームステイして有機農業を学んだことがきっかけで大学周辺地域の農業に関心を持ち、大学院へ。自らが生きる社会をより良くするために、できることに一生懸命に取り組むタイの人たちの姿に憧れ、自分自身の生き方に自信を持てるようになりたいと考えている。

あとがき

　今でも信じられないが、世の中にちゃんと出版される本の「あとがき」を書くことになった。大学4年生でタイ長期FSに挑戦していなかったら、このあとがきを書いている「私」も存在していないだろう。
　タイ長期FSとの出会いは不思議なもので、参加者本人である私の意思にかかわらず、見えない糸のようなもので最初からつながれていたのかもしれない。振り返って考えてみると、恵泉には、恐れずに挑戦すること、そして失敗から学ぶことを教えてくれた教職員がおり、社会を多様な視点から考える重要性に気付かせるさまざまな講義が用意されていた。これまで見聞きしたことのない知識にふれられる、その環境が大好きだった私が、周囲の強力な後押しを得てタイ長期FSに参加したことは必然だったのだと、この本の編集作業を通して強く考えるようになった。
　かつて私が恵泉の学びを得て、先生方に見出されたように、人生を変えてしまうほどの出会いや体験を、今度は後輩たちに還元していきたい。そして、彼女たちが今後の人生につなげていくことができるように願ってやまない。
　フィールド・スタディに携わる仕事を得られたことも、本を編集するという新たな仕事に取り組めたことも、すべてのきっかけは大学4年生のときに踏み出した小さな一歩である。この一歩が私の人生を大きく変え、視野を広げ、今なお新たな人との交流をも生みだしてくれている。
　学問の種をまき、水と愛情を惜しむことなく注ぎ、私たちの成長を見守ってくださった多くの先生方、支えてくださった方々へ改めて感謝するとともに、コモンズの大江正章さんのご尽力により学生たちの成長の軌跡を一冊の本にまとめる機会が与えられたことにお礼申し上げます。

2016年2月

波多　真友子

恵泉女学園大学の5つの特徴

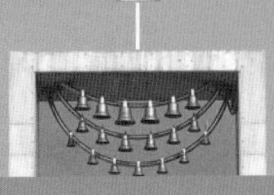

① 伝統ある女性の自立教育　昭和史に名をはせる女性教育者・河合道が創設
1929年の学園設立当初から、他では見られない「聖書」「国際」「園芸」を正課に取り入れ、人間の基本的なあり方を学び、広い視野を持つ自立した女性の育成を願った河井道の教育理念は、今日も受け継がれています。

② 手厚い就職支援　就職決定率　91％[2014年度]
教育理念は、キャリア・就職支援でも活かされてきました。1年次から始まるキャリア教育、キャリアアドバイザーによる個別面談をとおして、すべての教職員が、学生の要望や適性に応じた進路を開拓できるよう指導します。

③ 一人ひとりを大切に　ゼミ履修率100％　卒業論文必修
1年次から始まる少人数のゼミナールで、学生が主体的に学ぶ姿勢を育みます。1つのゼミナールの平均人数は9.7名ですから、指導がすべての学生によく行き渡ります。

④ 豊富な体験学習　総プログラム数110、総参加人数1,035名
大きな特徴は「実体験学習」です。1年生全員が必修の「生活園芸Ⅰ」をはじめとして、海外でのフィールド・スタディ(FS)、コミュニティ・サービス・ラーニング(CSL)、タイへのワークキャンプ、韓国、中国、タイからの学生を受け入れるサマープログラムのほか、キャンプや里山保全活動、オーガニックカフェの運営など地元をフィールドとした活動にも積極的に取り組んでいます。

⑤ 7000㎡の農場で12種類の野菜を栽培　「いのち」を育む教育
「生活園芸Ⅰ」では、すべての学生が農薬や化学肥料を使用しない有機園芸を体験します。土に触れ、自然を肌で感じながら、「いのち」を育む楽しさと難しさを学び、収穫の喜びを知るのです。園芸をとおして自然との共生について考え、心を豊かにし、人と人の輪を広げるきっかけとなります。

〈編者紹介〉
堀　芳枝（ほり・よしえ）
1968年　埼玉県生まれ。
1998年　上智大学大学院博士課程修了、博士（国際関係論）。
現　在　恵泉女学園大学人間社会学部准教授。
　　　　恵泉女学園大学で短期・長期フィールド・スタディにかかわって15年。専門のフィリピンだけでなく、北タイを中心とするメコン川流域の国々についても関心が広がり、学生と訪問を重ねている。
主　著　『学生のためのピースノート２』（編著、コモンズ、2015年）、『国際関係のなかの子どもたち』（共著、晃洋書房、2016年）、Business Process Outsourcing and Gender in the Philippines: Filipina Women at Call Centers,"The Journal of Sophila Asian Studies", No.33, 2016.

波多 真友子（はた・まゆこ）
1984年　石川県生まれ。
2007年　恵泉女学園大学人文学部国際社会文化学科卒業。
現　在　恵泉女学園大学体験学習アシスタントコーディネーター。
　　　　恵泉女学園大学で事務スタッフとして働き、主に長期フィールド・スタディのアシスタントや学生指導サポートなどを担当している。

タイで学んだ女子大生たち

2016年3月25日・初版発行

編者●堀芳枝・波多真友子＆恵泉女学園大学
体験学習（ＦＳ・ＣＳＬ）委員会

©Keisen University, 2016, Printed in Japan.

発行者●大江正章
発行所●コモンズ
東京都新宿区下落合 1-5-10-1002
TEL03-5386-6972　FAX03-5386-6945
振替　00110-5-400120

info@commonsonline.co.jp
http://www.commonsonline.co.jp/

印刷／東京創文社　製本／東京美術紙工
乱丁・落丁はお取り替えいたします。
ISBN 978-4-86187-134-4 C0036

コモンズの本

学生のためのピース・ノート2	堀芳枝編著	2100円
徹底検証ニッポンのODA	村井吉敬編著	2300円
徹底解剖 国家戦略特区　私たちの暮らしはどうなる？	アジア太平洋資料センター編	1400円
徹底解剖 100円ショップ　日常化するグローバリゼーション	アジア太平洋資料センター編	1600円
目覚めたら、戦争。過去を忘れないための現在	鈴木耕	1600円
安ければ、それでいいのか!?	山下惣一編著	1500円
地球買いモノ白書	どこからどこへ研究会	1300円
ケータイの裏側	吉田里織・石川一喜他	1700円
おカネが変われば世界が変わる　市民が創るNPOバンク	田中優編著	1800円
脱成長の道　分かち合いの社会を創る	勝俣誠／マルク・アンベール編著	1900円
教育農場の四季　人を育てる有機園芸	澤登早苗	1600円
農業は脳業である　困ったときもチャンスです	古野隆雄	1800円
場の力、人の力、農の力。たまごの会から暮らしの実験室へ	茨木泰貴・井野博満・湯浅欽史編	2400円
地産地消と学校給食　有機農業選書1	安井孝	1800円
有機農業政策と農の再生　有機農業選書2	中島紀一	1800円
ぼくが百姓になった理由（わけ）　有機農業選書3	浅見彰宏	1900円
食べものとエネルギーの自産自消　有機農業選書4	長谷川浩	1800円
地域自給のネットワーク　有機農業選書5	井口隆史・桝潟俊子編著	2200円
農と言える日本人　有機農業選書6	野中昌法	1800円
ぼくが歩いた東南アジア　島と海と森と	村井吉敬	3000円
いつかロロサエの森で　東ティモール・ゼロからの出発	南風島渉	2500円
増補改訂版 日本軍に棄てられた少女たち　インドネシアの「慰安婦」悲話	プラムディヤ著／山田道隆訳	2800円
ラオス　豊かさと「貧しさ」のあいだ　現場で考えた国際協力とNGOの意義	新井綾香	1700円
ミャンマー・ルネッサンス　経済開放・民主化の光と影	根本悦子・工藤年博編著	1800円
写真と絵で見る北朝鮮現代史	金聖甫・奇光舒・李信澈著／李泳采監訳・解説／韓興鉄訳	3200円
北朝鮮の日常風景	石任生撮影／安海龍文／韓興鉄訳	2200円
中国人は「反日」なのか　中国在住日本人が見た市井の人びと	松本忠之	1200円
「幸福の国」と呼ばれて　ブータンの知性が語るGNH（国民総幸福）	キンレイ・ドルジ著／真崎克彦・菊地めぐみ訳	2200円
歩く学問　ナマコの思想	鶴見俊輔・池澤夏樹・村井吉敬他	1400円
カツオとかつお節の同時代史　ヒトは南へ、モノは北へ	藤林泰・宮内泰介編著	2200円

（価格は税別）